面白いほど記憶に残る

迷わない漢字

話題の達人倶楽部［編］

青春出版社

漢字は、意味で覚えるのがいちばんはやい！――はじめに

漢字は、ひとつひとつの文字に意味がある「表意文字」ですが、見落としてはならないのは、その意味がひとつとは限らないことです。

たとえば、「独白」という言葉。「白」は一般的には「しろ」という意味ですが、「ものを言う」という意味もあり、「白す」で「もうす」と訓読みします。「告白」「表白」「白状」など、「白」を使った〝ものを言う〟系の熟語が多数あるのは、そのためです。

このように、漢字が複数の意味を持つ文字になった大きな理由として、中国が長い歴史と広い国土を持つことがあげられます。

漢字誕生から三千年余り、その長大な時間のなかで、漢字は時代によっていろいろな意味に使われてきました。また、広い国土のいろいろな場所で、同じ漢字が方言のように違う意味に使われることもありました。そうして、漢字は、多様な意味を持つ

文字に育ってきたのです。

私たち日本人は、そんな漢字を「日本語」を表す記号として取り入れてきました。そして、飛鳥時代以降、仏典や経典、史書など、膨大な漢文を読み下すため、ひとつひとつの漢字に「訓読み」をつけてきたのです。その作業のなか、もとの漢字が、漢文の中でいろいろな意味に使われていることから、日本でも、一つの漢字に複数の訓読みが生まれることになったのです。

ところが、それから千数百年を経て、戦後、漢字の読み方に制限が加えられました。当用漢字（後の常用漢字）や教育漢字（小学校で習う漢字）が決められ、使う漢字の数だけでなく、「読み方」も制限されることになったのです。

たとえば、前述の「白」は、「しろ」という読み方は学校で習っても、「もうす」という訓読みは教わりません。そのため、「告白」や「独白」に、なぜ「白」という漢字が使われているか、わからない人が増えたのです。

こういう例は無数にあって、言葉の誤用の大きな原因にもなっています。たとえば「号泣」は、単に「激しく泣く」という意味ではなく、「大声をあげて泣く」という意味ですが、文化庁の調査によると、今は「激しく泣く」という意味に使う人のほうが多いことがわかっています。もともと、「号」には「さけぶ」という意味と訓読みがあるのですが、それを学校では学ばないため、「号泣」という熟語を正確な意味に使えない人が増えているというわけです。

そこで、この本では、漢字が本来持っている〝いろいろな意味〟に焦点を当てました。そうした複数の意味をおさえていれば、漢字や熟語、成句などへの理解がより深まり、語彙力がアップし、間違った意味に使うこともなくなるはずです。

そう、「漢字は、意味で覚えるのがいちばんはやい！」のです。本書『面白いほど記憶に残る迷わない漢字』で、ひとつひとつの漢字の意味を正しくおさえて、日本語に強い人へのいちばんの〝近道〟を歩んでください。

二〇二一年五月

話題の達人倶楽部

第1章 その熟語には、なぜ〝その漢字〟が使われているのか……14

1 そういう漢字の覚え方があったんだ！ 16

◉なぜ？ どうして？ その漢字① 16
◉なぜ？ どうして？ その漢字② 19
◉考えてみれば不思議な日本語 22
◉熟語に隠された意外な事情 26
◉その漢字の裏側に何がある？〈態度を表す言葉〉 29
◉その漢字の裏側に何がある？〈人を表す言葉〉 32
◉その漢字の裏側に何がある？〈植物を表す言葉〉 34

2 言葉の「成り立ち」を気にする人は、日本語に強い人 36

◉何を指すかわかりますか？〈基本編〉 36

◉何を指すかわかりますか？〈ハイレベル編〉 40

第2章 漢字は、意味で覚えるのがいちばんはやい！……44

1 日本人が知らない漢字の覚え方 46

◉〝ふだん使い〟の日本語を「分解」してみよう① 46
◉〝ふだん使い〟の日本語を「分解」してみよう② 49
◉気になる日本語を「分解」してみよう① 57
◉気になる日本語を「分解」してみよう② 62
◉謎の日本語を「分解」してみよう① 67
◉謎の日本語を「分解」してみよう② 70

2 面白いほど記憶に残る漢字の覚え方 72

◉意味がわかれば、漢字は読める！　書ける！ 72
◉その漢字の〝組み合わせ〟には意味がある 76

◉ちゃんと覚えたい「ビジネス」の言葉 80
◉味わいのある古風な日本語の謎 84
◉なんだかコワそうな言葉の謎 86
◉教養ある大人が身につけている言葉① 89
◉教養ある大人が身につけている言葉② 97

第3章 その漢字の意味をめぐる大誤解とは？ 102

1 もしかして、誤解していませんか 104
◉それは、その意味ではない① 104
◉それは、その意味ではない② 110
◉間違って覚えていそうな言葉〈人間関係〉 114
◉間違って覚えていそうな言葉〈いろいろな状況〉 116
◉間違って覚えていそうな言葉〈歴史の言葉〉 118

2　ひょっとして、勘違いしていませんか　120
◉間違えたままにしてしまいがちな日本語①　120
◉間違えたままにしてしまいがちな日本語②　124

第4章　メディアで見聞きする漢字には〝ワケ〟がある……126

1　「テレビ」「新聞」「雑誌」の日本語の裏を読む　128
◉それはいったい何を指す？①　128
◉それはいったい何を指す？②　131
◉「大人の語彙力」が試されるポイント①　134
◉「大人の語彙力」が試されるポイント②　138

2　ちょっと難しい日本語でも、堂々と使ってみよう　144
◉迷わずに、自信を持って使えますか　144
◉きちんと、胸を張って使えますか　147
◉知らなかった言葉でも、簡単に覚えられる　150

◉そもそも、声に出して読めますか　152

第5章　これなら一生忘れない「慣用句」「四字熟語」の覚え方……156

1　慣用句は、こう考えればよくわかる　158
◉意味でおさえる慣用句〈基本編〉　158
◉意味でおさえる慣用句〈ハイレベル編〉　161
◉その「成句」の成り立ちはなんだろう？　164
◉とにかく読み間違いに要注意の成句　170

2　四字熟語は、こう考えればよくわかる　172
◉四つの漢字を分けて整理する〈基本編〉　172
◉四つの漢字を分けて整理する〈ハイレベル編〉　180

第6章　できる大人は「モノ」「人」「場所」を新鮮な言葉で表現する……184

1　自分のボキャブラリーに加えたい──「モノ」を表す言葉　186

◉身のまわりのモノを漢字で書いてみよう〈初級編〉 186
◉身のまわりのモノを漢字で書いてみよう〈ハイレベル編〉 189
◉使えるようにしておきたい〝和〟の言葉 195
◉使えるようにしておきたい〝理系〟の言葉 199

2 自分のボキャブラリーに加えたい――「人」「場所」を表す言葉 201
◉どんな「人」か説明できますか 201
◉どんな「場所」か説明できますか 208

第7章 手強い熟語が使えると、ひとつ上の「国語力」が身につく……212

1 その日本語はどこからきたの？ 214
◉インテリと思われる日本語1 214
◉インテリと思われる日本語2 218
◉画数がやけに多い熟語を覚えるコツ1 220
◉画数がやけに多い熟語を覚えるコツ2 223

◉読めるかどうかがカギをにぎる熟語 226
◉これを知らないと確実に恥をかく① 233
◉これを知らないと確実に恥をかく② 236
◉これを知らないと確実に恥をかく③ 240

2 「言葉力」のある人だけが身につけていること 243
◉どういう「評価」なんだろう 243
◉どういう「感情」なんだろう 246
◉どうしたの？ 何があったの？① 249
◉どうしたの？ 何があったの？② 251
◉ちょっとアブない匂いがする言葉 253

第8章 「語彙力」が身につくと、言いたいことがきちんと言える……258

1 難しい熟語は、こう覚えればいい 260
◉ワンランク上の熟語の「読み方」「使い方」 260

目次

◉見慣れない熟語の「読み方」「使い方」 264
◉一目置かれる熟語の「読み方」「使い方」 267

2 その熟語の本当の意味を知っていますか 271

◉言葉を知っている人の日本語① 271
◉言葉を知っている人の日本語② 275
◉日本語のプロが使っている日本語① 279
◉日本語のプロが使っている日本語② 282

DTP■フジマックオフィス

第1章

その熟語には、なぜ〝その漢字〟が使われているのか

なぜ、その漢字を使うか、その意味をご存じですか?

熟語には、一見〝場違いな漢字〟が使われていることがあります。たとえば、「亀裂」や「重畳」という言葉に、なぜ「かめ」や「たたみ」が出てくるのでしょうか?

もちろん、それらの漢字は「かめ」や「たたみ」という意味で使われているわけではありません。他の意味で使われて、熟語を構成しています。

そこで、この章では、なぜその漢字が登場するのか、一見、意味不明の熟語を集めました。その漢字の違った顔を知って、熟語のより正確な意味をつかんでください。

1　そういう漢字の覚え方があったんだ！

◉なぜ？　どうして？　その漢字①

□白日〔はくじつ〕……なぜ「日」が「白い」のか？

明るく輝く太陽のこと。「白」と書くのは、輝く太陽は白く見えるから。「白日の下にさらす」で、すべて明らかにすること。「悪事を白日の下にさらす」など。

□笑殺〔しょうさつ〕……この「殺」には、どんな意味がある？

一笑に付して、相手にしないこと。もとは、大いに笑うことで、そこから、大笑いして問題にしないという意味が生じた。この「殺」は、意味を強める助字であり、「殺す」や「けずる」といった意味はない。「人の意見を笑殺する」などと使う。

□**相殺〔そうさい〕**……一方、こちらの「殺」の意味は？
差し引きして、帳消しにすること。「殺る」で「けずる」とも読み、この「殺」は少なくするという意味で使われている。「貸し借りを相殺する」など。

□**太古〔たいこ〕**……なぜ「大」ではなく、「太」と書く？
はるかな昔。おおむね、有史以前を意味する。この「太」には、そもそもの始まり、源という意味がある。「太古の生き物」「太古の暮らしに思いを馳せる」など。

□**肉薄〔にくはく〕**……なぜ「薄」と書く？
すぐそばまで、迫ること。もとは〝生身〟で敵陣に近づくこと。「薄」は、うすくて距離がないことから、近づくという意味にも使われ、「薄る」で「せまる」と読む。「首位に肉薄する」など。

□**親切〔しんせつ〕**……なぜ「親を切る」と書く？
思いやりがあって、人のために何かをすること。昔は「深切」と書き、この「切」

ははなはだしいという意味で、「深切」は心を深く寄せることだった。後に「親身になる」という意味で、「深」の代わりに「親」と書くようになった。

□親展〔しんてん〕……では、こちらの「親」の意味は？

封書などに書き入れる言葉で、「自分で開けてください」という意味。この「親」は「おや」ではなく、みずからという意味で、「親ら」で「みずから」と訓読みする。「親政」や「親告罪」の「親」も同様に「みずから」という意味。

□不毛〔ふもう〕……この「毛」の意味をご存じですか？

作物が育たず、実りがないこと。何の成果も得られないこと。「毛」には「二毛作」などと使うように、作物が育つこと、実りという意味がある。「不毛の大地」「不毛な争い」など。

□折角〔せっかく〕……「角を折る」で、わざわざという意味になるのは？

わざわざ。骨を折ること。一説には、後漢の林宗という人の頭巾が雨に濡れて折れ曲がっているのを見た人が、それを真似て〝わざわざ〟角を折ったことに由来するという。だから、この「角」は「つの」ではなく、「かど」という意味。「折角の好意を無にする」などと使う。

◉なぜ？ どうして？ その漢字②

□**連綿〈れんめん〉**……なぜ「綿」が出てくる？

途切れることなく、長く続いているさま。「綿《わた》」の糸が長いことから、「綿」には、つらなる、長く続くという意味があり、「綿なる」も「連なる」と同様、「つらなる」と読む。「連綿と続いてきた老舗」「連綿体」（書道で、字が切れずに連続して書かれている書体）など。「綿綿」も、切れ目なく続くという意味で、「綿綿と受け継ぐ」などと使う。

□**粉飾〈ふんしょく〉**……この「粉」は何の粉か、知っていますか？

事実をつくろうこと。上辺《うわべ》を立派にみせかけること。「粉飾」のもとの意味は、白粉《おしろい》で化粧し、飾ること。つまり、この「粉」は白粉のことで、「粉飾決算」「事実を粉飾して報告する」などと使う。

□**口実〔こうじつ〕**……いいかげんな理由を「実」で表すのは？
言い訳や言いがかりの理由とするもの。「実ちる」で「みちる」と読み、「口実」は口の中が満ちることで、もとは単に言葉や言いぶりを意味した。後に、今の意味が生じた。

□**尾行〔びこう〕**……この「尾」の意味は？
後をつけること。「尾」は動物のしっぽのことであり、そこから、後ろという意味が生じた。「重要参考人を尾行する」など。

□**閑散〔かんさん〕**……この「散」の意味は？
ひっそりと静まりかえっていること。「閑」には騒がしくない、「散」にはまばらという意味がある。「閑散期」「コロナ禍で閑散としたキャンパス」など。

□**消息〔しょうそく〕**……なぜ「消える息」と書く？
人や物事の近況。手紙や音信のこと。「消」には陰気がなくなること、「息」には陽気が生じるという意味がある。合わせて、「消息」で人の様子、動静という意味が生じた。「消息が絶える」「消息不明」など。

□瓦解〔がかい〕……なぜ「瓦」が出てくる？

全体がばらばらに崩れること。この「瓦」は、屋根の瓦だけでなく、焼き物全般を表し、「瓦解」は焼き物が砕けるように崩れ去るという意味。「江戸幕府が瓦解し、明治政府が誕生した」などと使う。

□趣向〔しゅこう〕……この「向」の意味は？

面白みや味わいを出すための工夫。この「向」は、何らかの目的があることを意味している。「趣向を凝らす」「それはどういうご趣向ですか？」など。

□毛頭〔もうとう〕……この「毛」と「頭」の意味は？

毛の先ほども。ほんの少しも。打ち消しの語を伴い、「毛の頭ほどもない」という意味をつくる。「やましい気持ちは毛頭ない」「～などとは毛頭思わない」など。

□**追悼〔ついとう〕**……この「追」の意味は？

亡くなった人をしのび、悼むこと。この「追」には、過去を思い出すという意味がある。「追悼の言葉を捧げる」「追悼式」など。「追討」（追い討ちをかけること）と混同しないように。

□**完膚〔かんぷ〕**……この「完」の意味は？

傷のない完璧な皮膚。「完膚なき」は、「無傷の箇所がないほど徹底的に」という意味で、「完膚なきまでにやっつける」などと使う。「完」本来の意味は、保つ、しっかりと守ることで、「完うする」で「まっとうする」と読む。

◉考えてみれば不思議な日本語

□**自負〔じふ〕**……なぜ「負」という漢字が出てくる？

自分の能力や才能への誇り。「負む」で「たのむ」と読み、「自負」は「自らたのむこと」。「自負するところが大きい」「自負心が欠けている」など。

□**網羅〔もうら〕**……なぜ、この言葉に「網」が出てくる？

関係あるものを残らず集めること。この「網」は魚をとる「あみ」、「羅」は鳥をとる「あみ」を意味する。また「羅ねる」で「つらねる」と読む。「情報を網羅した事典」など。

□**指南〔しなん〕**……なぜ「南」なのか？

人を教え導くこと。古代中国に「指南車」という乗り物があり、それに備えつけられた人形は、たえず南の方角を指していた。そこから「指南」は一定方向を指すことを意味し、やがて教え示すという意味が生じた。「剣道指南役」など。

□**会心〔かいしん〕**……この「会」の意味は？

気になること。「心に会《かな》う」という意。「会心の一打」「会心の作品」などと使う。

□**即座〔そくざ〕**……なぜ「座」と書く？

すぐその場で。この「座」は、集まりの場という意味で、「即座」は人の集まっているその席ですぐに、という意味。「即座に返答する」「即座に機転をきかす」など用いる。

□**雪辱**〔せつじょく〕……ここに「雪」が出てくるのは？

汚名をはらすこと。この「雪」は空から降るゆきという意味ではない。「雪ぐ」で「すすぐ」と読み、恥をすすぐという意味。「辱」には恥という意味があり、「辱め」で「はずかしめ」と読む。「雪辱戦」など。

□**慈悲**〔じひ〕……この「悲」の意味は？

いつくしみ、哀れむ気持ち。「慈しむ」で「いつくしむ」と読む。一方、「悲」は、仏が衆生の苦しみを除くことが本来の意味で、助けたいと思う心。「慈悲深い」など。

□**亀裂**〔きれつ〕……なぜ、ここに「亀」が出てくる？

割れ目。亀の甲羅の模様のような、裂け目、ひび割れという意味。「親子関係に重大な亀裂が入る」「米中両国の亀裂が広がっている」など。

□指針〔ししん〕……この「針」は、どんな針？

物事を進めるうえで、進む方向を示すもの。本来の「指針」は、磁石や時計の方角、時刻を示す棒のこと。「恩師の言葉を人生の指針とする」などと使う。

□温床〔おんしょう〕……どんな建物の「床」？

悪いことを生み出し、育てる場所。本来は、穀物を育てるための〝温かい苗床〟のことだが、今はおおむね悪い意味に使う。「悪の温床」「非行の温床」など。

□昇華〔しょうか〕……なぜ「華」が出てくる？

物事を一段上の次元のものに変えること。この「華」は、すぐれたもののたとえで、「葛藤を芸術に昇華させる」などと使う。また、「昇華」は化学用語でもあり、固体が液体を経ないで、直接、気体になるという意味。

□椅子〔いす〕……この「子」には、どんな意味がある？

「椅」一字でも「いす」という意味があるが、中国語では、一音節の言葉に接尾字をつけて意味をわかりやすくし、また発音しやすくすることがある。「椅子」もその一例で、接尾字の「子」をつけて二字にした言葉。「扇子」や「帽子」の「子」も、同様の接尾字。

◉熟語に隠された意外な事情

□道具〔どうぐ〕……この「道」は、どんな「道」？

この「道」は仏道のことで、「道具」はもとは、僧侶の衣や托鉢用の鉢などのこと。後に、日本の武家で、刀や槍などの武具類を「道具」と呼ぶようになり、やがて一般的な用具までそう呼ぶようになった。

□散歩〔さんぽ〕……この「散」の意味は？

健康や気晴らしのため、ぶらぶら歩くこと。昔、中国に「五石散」という薬があり、飲むと体が温かくなり、その状態を「散発」と呼んだ。ときに、その状態にならないときには、「散発」を呼び起こすため、歩き回る必要があった。そこから「散歩」という言葉が生まれた。

□復員〔ふくいん〕……この「復」の意味は？

兵隊から、もとの職業、状態に「復帰」することから、「復員」という。「南方から復員する」「復員兵」など。

□馳走〔ちそう〕……この「走」の意味は？

もてなすこと。豪華な食事。「馳走」本来の意味は、文字通り「馳け走る」こと。そこから、走り回って人の世話をするという意味に変化。人をもてなすことを意味するようになり、そこから、豪華な食事（ご馳走）という意味が生じた。

□彼岸〔ひがん〕……この「彼」の意味は？

春分、秋分の日を中日とする七日間。もとの意味は向こう岸で、「三途の川の向こう岸」ということから、あの世を意味するようになった。「お彼岸の中日」「彼岸花」など。

□渋滞〔じゅうたい〕……この「渋」の意味は？

物事が滞って、すらすら進まないさま。「渋」にも「滞」にも、うまく進まないという意味がある。「段取りが悪くて、業務が渋滞する」「道路渋滞情報を確認した」など。

□**補佐**〔ほさ〕……この「佐」の意味は？

人の務めを助け、おぎなうこと。「佐ける」で「たすける」と読む。「監督を補佐する」「首相補佐官」など。

□**浪費**〔ろうひ〕……なぜ「浪」が出てくる？

金銭などを無駄に使って、なくすこと。この「浪」には「なみのように、不安定な」という意味がある。「資源を浪費する」「浪費癖」など。

□**確執**〔かくしつ〕……この「確」の意味は？

互いに譲ることのない争い、不和。この「確」は動かない、「執」は離さないという意味。「あの二人の間には、長年の確執がある」など。「かくしゅう」と読まないように。

◉その漢字の裏側に何がある？〈態度を表す言葉〉

□雷同〔らいどう〕……なぜ「雷」が出てくる？

決まった見識がなく、むやみに同調すること。雷が鳴ると、他の物がその響きに応じて鳴ることから。「付和雷同」などと使う。なお、「雷名」は、世間にとどろいている名のことで、こちらの「雷」は、雷のように鳴り響く、とどろくという意。「世間に雷名をとどろかす」など。

□失笑〔しっしょう〕……この「失」の意味は？

こらえきれずに、吹き出して笑うこと。「思わず失笑する」「場違いな発言をして、失笑を買う」などが正しい使い方。ところが、今は「笑いも出ないくらい呆れる」という誤った意味に使う人が多い言葉。

□豹変〔ひょうへん〕……なぜ「豹」が出てくる？

急に態度が変わるさま。「豹」の毛皮の柄がはっきりしていることから、「はっきり変わる」という意味が生じた。「君子豹変する」など。

□**感傷〔かんしょう〕**……この「傷」はどこの〝傷〟?

物事に感じやすく、心をいためること。「傷む」で「いたむ」と読む。「感傷におぼれる」「感傷にひたる」「感傷的になる」などと使う。

□**食傷〔しょくしょう〕**……ではこの「傷」は?

何度も同じようなことに接し、飽きがくるさま。「食傷気味」、「この手の作品には食傷している」など。もとは、文字通り〝食べることによる傷み〟を意味し、食あたりを起こすこと。

□**軽蔑〔けいべつ〕**……なぜ「軽」と書く?

劣ったもの、卑しいものと見下すこと。この「軽」には、重要度が低いという意味がある。一方、「蔑」は「蔑む」で「さげすむ」と読む。「軽蔑に値する行為」「軽蔑の表情を浮かべる」など。

□**殊勝〔しゅしょう〕**……この「勝」には、どんな意味がある？

けなげなこと。「殊《こと》に勝《すぐ》れる」という意味で、「殊勝な心がけ」「殊勝にも息子が看病してくれた」などと使う。

□**恐縮〔きょうしゅく〕**……なぜ「縮」と書く？

体を「縮める」ほどに、恐れ入ること。「まことに恐縮ですが」などと、人に物事を依頼する前に使うことが多い言葉。

□**横柄〔おうへい〕**……なぜ「横」と書く？

いばっていて、無礼な態度。この「横」には、「横行」などとも使われるように、自分勝手なという意味がある。「横柄な態度」「横柄な口をきく」など。

□**悠長〔ゆうちょう〕**……なぜ「長」と書く？

態度が落ちついていて、気の長いこと。「悠」はのんびりしている、「長」は時間がかかるという意味。「悠長に構える」「悠長なことは言っていられない」など。

□**露骨〔ろこつ〕**……なぜ「骨」が出てくる？

感情や意図などを隠さずに、むき出しにすること。「露れる」で「あらわれる」と読み、もとは文字通り、骨が見えるようになるという意味。「露骨な物言い」「露骨な要求をつきつける」など。

◉その漢字の裏側に何がある？〈人を表す言葉〉

□**徒弟〔とてい〕**……血のつながりはないのに「弟」と書くのは？

親方の家に住み込んだりしながら、働き、仕事を教わる者。「弟」には「おとうと」という意味の他に、「弟子」「師弟」などと使うように、指導を受ける者、門人という意味がある。「徒弟制度」「徒弟奉公」など。

□**頭目〔とうもく〕**……なぜ「頭」と「目」なのか？

首領。かしら。体の中でも、「頭」と「目」は重要な部位であることから、この二字を並べた熟語で「かしら」を意味するようになった。「盗賊の頭目」「頭目と目される」などと使う。

□母堂〔ぼどう〕……なぜ、母には「堂」なのか？
　人の母に対する尊称。「堂」には表座敷という意味がある。家の奥にいるのは妻（奥様）だが、母は表座敷にいるので「堂」という字を使う。「御母堂様」など。

□曾祖父〔そうそふ〕……「曾」という漢字には、どういう意味がある？
　ひいおじいさんのこと。「曾」には「かさなる」という意味がある。代を重ねるところから、「曾祖父」「曾孫」など、直系の三親等を「曾」の字で表す。

□乙女〔おとめ〕……甲乙の「乙」が使われるのは？
　年若い娘のこと。「乙」には、「甲」に次ぐ二番目という意味があり、そこからこの語では、年下、若いという意味を表している。「乙女の祈り」など。

□伯父、叔父〔おじ〕……「伯」と「叔」、それぞれの意味は？
　「伯父」は父母の兄、「叔父」は父母の弟のこと。「伯」は「おさ」と訓読みし、かしらや族長という意味。一方、「叔」には若い、弟という意味があり、これ一字でも「おじ」と読む。

□**武弁〔ぶべん〕**……ここに「弁」が出てくるのは？

武人、軍人のこと。「弁」には「かんむり」という訓読みがあり、「武弁」はもとは、武官のかぶる冠を表し、そこから武人を意味するようになった。「一介の武弁に過ぎない」などと使う。

◉その漢字の裏側に何がある？〈植物を表す言葉〉

□**南天〔なんてん〕**……これで、植物の名になるのは？

常緑の低木。「南天」はもとは「南天竺《てんじく》」（今のインド）の略称であり、一説には、南天の樹が南天竺から中国にもたらされたことに由来するという。

□**蘇鉄〔そてつ〕**……「鉄」とは、どんな関係？

ソテツ科の植物。枯れそうになった際、幹に「鉄」を打ち込むと元気が「蘇る」といわれることから。

□公孫樹〔いちょう〕……「孫」が出てくるのは？

イチョウ科の高木。「イチョウ」は生長が遅いので、その実は孫の代になってから、ようやく食べられるようになるという。そこから、「公孫樹」と名付けられたと伝わる。

□百合〔ゆり〕……「百」という字を使うのは？

もともとは、中国で「百種もの香りを合わせた」ようないい香りの花という意味で、「百合」と書かれるようになった。日本では、風に〝揺れる〟姿が美しいことから、「百合」と書いて「ゆり」と呼ぶようになった。

□木耳〔きくらげ〕……この「耳」の意味は？

食用にする、きのこの一種。中国で「きくらげ」の形が人間の耳に似ているといわれたことから「木耳」と書くようになった。日本では〝木にできるクラゲ〟のようなものという意味で「きくらげ」と呼んでいたので、「木耳」で「きくらげ」と読むようになった。

2 言葉の「成り立ち」を気にする人は、日本語に強い人

◉何を指すかわかりますか？〈基本編〉

□**重畳**〔ちょうじょう〕……なぜ、ここに「畳」が出てくる？
満足なこと。喜ばしいこと。「畳ねる」で「かさねる」と読み、もとは多くのものが重なること。「重畳の出来」「重畳、重畳」（上出来という意味）などと使う。

□**稟議**〔りんぎ〕……どうして「稟」の文字を使う？
案を持ち回って、承認を得ること。本来は「ひんぎ」と読むが、慣用読みの「りんぎ」で定着している。「稟」は「稟ける」で「うける」と読み、もとは命令を受けるという意味。後に、申し上げるという意味が生じた。「企画案を稟議にかける」

など。

□忌憚〔きたん〕……なぜ「忌」と書くの？

遠慮すること。「忌み憚《はばか》る」という意味で、おもに「忌憚のない」という形で使う。「忌憚のないご意見をお伺いしたい」など。

□犀利〔さいり〕……なぜ「犀」が出てくる？

もとは、武器がかたく鋭いこと。そこから、頭脳や感覚などが鋭いさま。動物の「犀《さい》」の角のように鋭《するど》いという意味。「犀利な頭脳」「犀利な感覚」など。

□証左〔しょうさ〕……なぜ「左」と書く？

事実を明らかにするたすけとなるもの。「左ける」で「たすける」と読む。「証左を示す」「それが何よりの証左です」などと使う。

□上梓〔じょうし〕……この「梓」には、どんな意味がある？

書物などを出版すること。「梓《あずさ》」は昔、印刷用の版木に用いられていた木。そこから、「阪木」を意味する。「自伝を上梓する」などと使う。「梓に上《のぼ》す」も同じ意味。

□**森閑**〔しんかん〕……なぜ「森」と書く？

物音一つせず、静まりかえっているさま。この「森」には、静かなという意味がある。「辺りは森閑としていた」など。「深閑」も、ほぼ同じ意味。

□**傾城**〔けいせい〕……美人の形容に、なぜ「城」が出てくる？

絶世の美女。君子を夢中にさせ、政治をおろそかにさせて、城（国）を傾けさせるほどの美しい女性という意味。「傾国」も同じ意味。

□**隊伍**〔たいご〕……この「伍」には、どんな意味がある？

隊列。もとは「隊」は二人以上、「伍」は五人以上を一組にした軍隊の組を意味した。「隊伍を組んで行進する」など。なお、「落伍」はその隊列から、脱落するという意味で、「落伍者」など。

□**追善**〔ついぜん〕……亡くなっているのに、なぜ「善」?
死者の冥福を祈るため、法事を催すこと。もとは、死者の冥福を祈って関係者が「善根」をおさめた（身を慎む）ことから、「善」の字を使う。「追善供養」など。

□**素描**〔そびょう〕……この「素」の意味は?
単色の線で描く簡単な絵。デッサン。比喩的に、要点を簡単にまとめた文章という意味で使うこともある。この「素」は、手を加えていないさまを表している。「素描をえがく」「現代の世相を素描した文章」など。

□**皮相**〔ひそう〕……なぜ「皮」と書く?
物事の表面。うわべ。「皮」は表面をおおう膜、「相」はそれが現れた状態を意味する。「皮相な見解」「皮相な理解というほかはない」などと使う。

□**牙城**〔がじょう〕……この「牙」の意味は?
大将のいる本城。根拠地のこと。昔は、大将旗の旗竿の先を象牙で飾ったことから、それを「牙旗《がき》」と呼び、その「牙旗」の立つ場所という意味で、「牙城」と呼ぶようになった。「守旧派の牙城」など。

◉何を指すかわかりますか？〈ハイレベル編〉

□**書割**〔**かきわり**〕……なぜ「割」なのか？

舞台の背景として描いた町並みや自然などの風景。いくつかに分かれている（割れている）ことから、「書割」と呼ぶ。「芝居の書割」「まるで書割のような絵」などと使う。

□**文身**〔**いれずみ、ぶんしん**〕……この「文」の意味は？

いれずみのこと。この「文」は、文様、模様という意味。「刺青」とも書くのは、〝青色〟を多用して、針で〝刺〟して色を入れるところから。

□**東家**〔**あずまや**〕……なぜ「東」なのか？

簡素な家や建物。かつての関東地方は、京都から見れば鄙びた土地だった。そこから、簡素な家などを「東家」というようになった。また、「四阿《あずまや》」とも書くが、この「阿」は「のき」や「ひさし」のこと。

□音物〔いんもつ〕……この「音」には、どんな意味がある？

贈り物、進物のこと。この「音」には「おとずれるもの」という意味がある。「音信」（連絡の意）の「音」も、同様の意味。「知人から音物が届く」など。

□梨園〔りえん〕……この「梨」の由来は？

俳優の世界、とりわけ歌舞伎役者の世界のこと。唐の玄宗皇帝は、音楽や舞踊を好み、“梨の木のある庭園”で、自らも教えたという中国の故事に由来する。

□柳営〔りゅうえい〕……なぜ「柳」という漢字が使われる？

日本では、将軍、将軍家、あるいは幕府という意味。漢の将軍、周亜夫が細柳という場所に陣を敷いたという故事に由来する言葉。

□緑林〔りょくりん〕……これで「泥棒」という意味になるのは？

盗賊のこと。前漢の末期、盗賊団が今の湖南省の緑林山という山を根城にしていた。そこから、「緑林」は泥棒の異名になった。

□砂嘴〔さし〕……この「嘴」の意味は?

海流によって運ばれた砂が細長く堆積して、鳥のくちばしのような形になった地形。「嘴」は「くちばし」と訓読みする。日本三景のひとつ、天の橋立は日本を代表する「砂嘴」。

□銅臭〔どうしゅう〕……金や鉄ではなく、「銅」が出てくるのは?

金銭に卑しい人や、金銭によって出世する人を蔑んでいう言葉。昔の銭が「銅製」であったことから、その「臭いがするよう」という意味。「銅臭のする政治家」など。

□別懇〔べっこん〕……なぜ「別」なのか?

とりわけ親しいこと。この「別」は「ほか」ではなく、「特別に」という意味。一方、「懇ろ」は「ねんごろ」と読む。「別懇の間柄」「今後、別懇にお願いいたします」などと使う。

□鼻祖〔びそ〕……なぜ「鼻」が出てくるのか？
最初の人や最初の先祖のことで、「始祖」や「元祖」と同様の意味。「鼻」が出てくるのは、昔の中国では、胎生の生き物は、「鼻」から形づくられると考えられていたからという説がある。また、人の体を横から見た場合に、鼻が先端になる（突き出ている）からという説もある。

□首級〔しゅきゅう〕……「首」と「級」の関係は？
討ち取った首。中国の戦国時代、秦《しん》では、敵の首を一つとると、「階級」が一つ上がった。そこから、首に「級」をつけて表すようになった。「首級をあげる」など。

□伝法〔でんぽう〕……乱暴者なのに“法を伝える”と書くのは？
乱暴な言行をすること。もとは、文字通り、師から弟子に「仏法を伝える」ことだったが、後に江戸浅草の「伝法院」の寺男たちが、寺院の威光を笠にきて横暴を働いたことから、今の意味になった。「伝法な口をきくものではない」など。

第2章

漢字は、意味で覚えるのがいちばんはやい！

身近な熟語にも、なぜその漢字が使われているのか、よくわからない言葉があるもの。たとえば、「格納」の「格」や「合弁」の「弁」には、どんな意味があるのか、ご承知でしょうか？

むろん、ひとつひとつの漢字の意味を正確に知っていれば、その熟語をより正しいニュアンスで使うことができます。そこで、本章には、一見、意味不明の漢字を含む身近な熟語を集めました。漢字と熟語のより正しい意味をチェックしてください。

1 日本人が知らない漢字の覚え方

◉〝ふだん使い〟の日本語を「分解」してみよう①

□**依然〔いぜん〕**……この「依」の意味は?

もとの通りで、変わらないさま。「依る」で「よる」と読み、前の状態に依りかかって、変わらないという意味。「依然、不景気が続いている」「依然、実力は衰えない」など。

□**倹約〔けんやく〕**……この「倹」と「約」、それぞれの意味は?

無駄を省いて、出費をおさえること。「倹やか」も「約やか」も「つづまやか」と読む。「倹約に努める」「倹約令が発布される」「彼はなかなかの倹約家だ」など。

□**率直〔そっちょく〕**……この「率」の意味は？

ありのままで、隠したり飾ったりしないこと。この「率」には、隠しごとをしないという意味がある。「率直な態度」「率直な意見」「率直に申し上げますと～」など。

□**昨今〔さっこん〕**……この「昨」の意味は？

昨日今日。近頃。「昨」は、今よりもひとつ前を表し、これ一字で「きのう」という訓読みがある。「昨今の情勢を鑑みるに～」などと使う。

□**容易〔ようい〕**……この「容」には、どんな意味がある？

たやすいこと。「易しい」で「やさしい」と読み、「容」にも「簡単な」という意味がある。「容易な問題」「容易ならぬ事態」などと使う。

□**退屈〔たいくつ〕**……「退」と「屈」、それぞれの意味は？

することがなく、時間を持て余すこと。「退」には気分が沈む、「屈」には気分が晴れないという意味がある。「退屈千万」「退屈しのぎ」「退屈きわまる」など。

□**複製**〔ふくせい〕……この「複」の意味は?

もとの物と同じ物をつくること。「複び」で「ふたたび」、「複ねる」で「かさねる」と読む。「名画の複製」など。

□**解釈**〔かいしゃく〕……この「解」の意味は?

文章の意味などを解き明かすこと。また、それを説明すること。「解」は細かく分ける、「釈」は説明するという意味で、「釈く」で「とく」と読む。「解釈に困る」「善意に解釈する」など。

□**由来**〔ゆらい〕……この「由」の意味は?

由緒。いわれ。この「由」は「経由」などと使うように、あるところを通るという意味。「町名の由来を調べる」「ポルトガル語に由来する言葉」など。

□**冒頭**〔ぼうとう〕……この「冒」の意味は?

物事の最初。文章などのはじめの部分。「冒う」で「おおう」と読み、もとは頭にかぶせるものという意味。「冒頭におく」「冒頭から難航する」「冒頭陳述」など。

□丹念〔たんねん〕……この「丹」の意味は？

細かいところまで丁寧に、気を抜かないで注意を払うこと。「丹」はもとは赤色のことで、そこから血の通ったという意味が生じた。「念」は考え。「丹念な仕事ぶり」など。

◉"ふだん使い"の日本語を「分解」してみよう②

□割烹〔かっぽう〕……「烹」の意味は？

食べ物を料理すること。「肉を割《さ》いて、烹《に》る」という意味。「大衆割烹」「割烹着」など。

□献立〔こんだて〕……この「献」の意味は？

料理の種類や順序。「献」は、「一献かたむける」などと使うように、もとは酒を勧めること。一方、「立」は膳立てのこと。「今夜の献立を考える」など。

□**匹敵**〔ひってき〕……「匹」と「敵」、それぞれの意味は？

価値や能力が同程度であること。この「匹」には、二つのものが並ぶという意味がある。「敵」は競う相手。「三年分の給料に匹敵する金額」など。

□**乾燥**〔かんそう〕……「燥」の意味は？

かわくこと。湿気や水分がなくなること。「燥く」で「乾く」と同様、「かわく」と読む。「空気が乾燥する」「乾燥地帯」「無味乾燥」など。

□**搭載**〔とうさい〕……「搭」って、どういう意味？

車両や航空機などに、物資を積み込むこと。「搭せる」も「載せる」と同じように、「のせる」と読む。「核兵器を搭載する」「新機能搭載のスマホ」など。

□**障壁**〔しょうへき〕……「障」の意味は？

あいだを隔て、妨げとなるもの。「障」には、さまたげるという意味があり、「障て」で「へだて」、「障ぐ」で「ふせぐ」と読む。「障壁画」「参入障壁」など。

□**管轄**〔かんかつ〕……この「管」と「轄」の意味は？
権限を持って支配し、取り締まること。「管」には担当する、「轄」には取り締まるという意味がある。「国土交通省の管轄」「管轄外の出来事」など。

□**繁殖**〔はんしょく〕……「殖」って、どういう意味？
動物や植物を育て、ふやすこと。「繁」は数が多いこと、「殖」はふやすことを意味し、「殖える」で「ふえる」と読む。「繁殖期」「繁殖牧場」など。

□**模索**〔もさく〕……「模」と「索」、それぞれの意味は？
手さぐりで、さがし求めること。「模」は手本とする、「索」は手さぐりという意味で、「索める」で「もとめる」と読む。「前途を模索する」「暗中模索」など。

□**娯楽**〔ごらく〕……「娯」って、どういう意味？
余暇にする楽しみ。「娯しむ」で「楽しむ」と同じように、「たのしむ」と読む。「娯楽場」「娯楽番組」など。

□**戸籍**〔こせき〕……「戸」と「籍」、それぞれの意味は？

家族ごとに、名前や続柄《つづきがら》を記録した公文書。「戸」は一つの家族、「籍」はそれを記した登録台帳という意味。「戸籍謄本」「戸籍から抜ける」など。

□**格納**〔かくのう〕……「格」って、どういう意味？

物を一定の場所におさめること。この「格」には、はっきり区切られた場所という意味がある。「格納庫」「原子炉の格納容器」など。

□**度忘れ**〔どわすれ〕……この「度」の意味は？

よく知っているはずなのに、思い出せなくなること。この「度」は、強調の接頭辞「ど」に当て字したもので、意味はない。他に「度肝（を抜かれる）」の「度」も、同じように接頭辞の「ど」に当て字したもの。

□**検査**〔けんさ〕……この「検」の意味は？

異状や不正がないか、しらべること。「検べる」で「しらべる」と読む。「検証」

「検閲」「検察」などの「検」も同じ意味。「ＰＣＲ検査」「会計検査院」など。

□支持〔しじ〕……この「持」の意味は？

ある意見や主張などに賛成して、後押しすること。この「持」は、しっかりと支え、動かさないという意味。「内閣支持率」「国民の支持を失う」など。

□保障〔ほしょう〕……「保」と「障」、それぞれの意味は？

中国では、「保」や「障」は砦や小さな城を意味する漢字で、「保障」はもともと砦と小城の総称だった。やがて、戦い以外のことでも「守る」という意味が生じ、「障害のないように守る」という今の意味になった。「安全保障条約」「生活保障」など。

□署名〔しょめい〕……この「署」の意味は？

本人が自分の名を書くこと。「署す」で「しるす」と読む。「署名捺印」「契約書に署名する」など。

□**粗末〔そまつ〕**……この「末」の意味は？

質が悪く、立派ではないこと。「粗」は質が悪い、「末」は「本末転倒」などと使うように、重要ではないという意味。「粗末な品」「粗末な扱い」「お粗末さまでした」など。

□**仮病〔けびょう〕**……この「仮」はどういう意味？

病気のふりをすること。「仮」には、一時的なものという意味の他、「本物ではない」という意味がある。「仮病をつかう」など。

□**査定〔さてい〕**……この「査」の意味は？

しらべて、決めること。「査べる」で「しらべる」と読む。「調査」や「探査」の「査」も、同じ意味。「中古車の下取り価格を査定する」など。

□**摂氏〔せっし〕**……「摂」って何のこと？

セ氏温度の略。「摂氏」は、スウェーデンの科学者セルシウスのこと。一七四二年、彼は、水の氷点〇度、沸点一〇〇度の間を百等分した温度目盛の寒暖計を発明。

そのセルシウスの中国表記「摂爾修」の頭文字をとって、「摂氏」と書くようになった。

□舗装〔ほそう〕……この「舗」の意味は？

道路などの表面をおおうこと。「舗く」で「しく」と読み、敷きつめるという意味。「舗装道路」「砂利道を舗装する」など。

□土地鑑〔とちかん〕……この「鑑」の意味は？

その土地に関する知識。「鑑」はもとは「かがみ」という意味で、そこからいろいろな意味が派生し、この語では見分ける、知識という意味で使われている。「土地鑑がある（ない）」など。

□福祉〔ふくし〕……この「祉」の意味は？

暮らしを安定させるための公的な扶助など。「福」にも「祉」にも、「さいわい」という訓読みがある。「福祉国家」「福祉施設」「公共の福祉を図る」など。

□**措置〔そち〕**……「措」と「置」、それぞれの意味は？

ある事態に応じた手段や手続き。「措」には、事態を落ちつかせるという意味があり、「措く」で「おく」と読む。「万全の措置を講ずる」「当面の措置」など。

□**解剖〔かいぼう〕**……「剖」って、どういう意味？

生物の体を切り開き、内部を観察すること。「剖」には、刃物で切りわけるという意味があり、「剖る」で「わる」と読む。「司法解剖」「解剖教室」など。

□**先制〔せんせい〕**……この「制」の意味は？

先手をとること。機先を制すること。「制える」で「おさえる」と読む。「先制攻撃」「先制点をあげる」などと使う。

□**領土〔りょうど〕**……この「領」の意味は？

国家の統治権が及ぶ範囲。国家が領有する土地のこと。「領める」で「おさめる」と読む。「北方領土問題」「領土紛争が長く続いている」など。

□**憲法**〔けんぽう〕……この「憲」の意味は？
国家の基本法。「憲」は「のり」と訓読みし、基本となる掟という意味がある。

◉気になる日本語を「分解」してみよう①

□**切実**〔せつじつ〕……この「切」の意味は？
身近であり、重大でもあること。あるいは、今すぐにでも解決が必要なこと。この「切」には、すぐそばまで近づくという意味がある。「切実な願い」「切実な問題」など。

□**一切**〔いっさい〕……この「切」の意味は？
すべて。全部。この「切」は、前項と違って、すべてという意味で使われている。「一切を捨て去る」「今後、一切、付き合わない」「一切合切」など。

□**典型**〔てんけい〕……この「典」の意味は？
特徴がよく当てはまり、代表例となるもの。「典」には「のり」という訓読みがあり、模範や基準という意味。「昭和の若者の典型」「野獣派の典型とされる作品」など。

□**連帯〔れんたい〕**……この「帯」の意味は？

責任をともにすること。この「帯」には、「手を取り合って、同じ行動をする」という意味がある。「連帯責任」「連帯感が乏しい」など。

□**互角〔ごかく〕**……この「角」は、どんな動物の角？

力量などに、優劣の差がないこと。もとは「牛角」と書き、牛の角は左右で長さや太さに差がないことから、優劣がないという意味が生じ、後に「互角」と書くようになった。

□**立派〔りっぱ〕**……この「派」は、何の「派」？

みごとなこと。すぐれていること。もとは、文字通り「一派を立てる」ことで、この「派」は「宗派」を意味する。一派を立てるような僧侶の見識、努力から、今の意味が生じた。

□圧巻〔あっかん〕……この「巻」は何の「巻」？

全体の中で、最もすぐれている部分、場面。昔、中国の官吏登用試験の科挙で、最もすぐれた答案（巻）を、他の巻の上に載せて〝圧《おさ》えた〟ことから。「圧巻の出来」などと使う。

□徐行〔じょこう〕……「徐」って、どういう意味？

ゆっくり進むこと。「徐に」で「おもむろに」と読み、「徐」には、ゆっくり進むという意味がある。「徐行運転を心がける」など。

□比較〔ひかく〕……「較」って、どういう意味？

二つ以上のものをくらべること。「較べる」も「比べる」と同様、「くらべる」と読む。「優劣を比較する」「比較にならない」「比較言語学」など。

□臨床〔りんしょう〕……この「床」の意味は？

この「床」は「病床」のことで、「臨床」は、病床に臨んで、治療にあたること。

「臨床医」「臨床例」「臨床検査技師」などと使う。

□荘厳〔そうごん〕……この「荘」の意味は?

重々しく、おごそかなこと。「荘か」で「おごそか」と読む。「荘厳な式典」「荘厳ミサ」など。「荘重」の「荘」も同じ意味。

□卓抜〔たくばつ〕……この「卓」の意味は?

ひじょうにすぐれていること。「卓れる」で「すぐれる」と読み、「卓」には他よりもすぐれているという意味がある。「卓抜した技術を誇る」「卓抜した業績をあげる」など。

□沿革〔えんかく〕……この「沿」と「革」の意味は?

「革」は「革める」で「あらためる」と読み、事を改め、新しくすること。「沿」は因ることで、「沿革」本来の意味は、物事が変わっていくこと。そこから、今は、会社などの組織の移り変わり、変遷という意味で使われている。「わが社の沿革」など。

□**徒労〔とろう〕**……「徒」って、どういう意味？

無駄骨。「徒」の訓読みの一つは、「徒花」などの「あだ」で、役に立たないという意味。「徒労に終わる」「徒労に帰する」など。

□**扇動〔せんどう〕**……この「扇」の意味は？

感情に訴えかけ、大衆を駆り立てること。本来は「煽動」（「煽る」で「あおる」と読む）と書くが、「煽」が当用漢字に入らなかったため、「扇」で代用された熟語。

□**風紀〔ふうき〕**……この「紀」の意味は？

日常生活の節度や規律。「紀める」で「おさめる」と読み、秩序をただすという意味がある。一方、「紀す」は「しるす」と読み、『日本書紀』や「紀伝体」の「紀」は、こちらの意味。

□**判別〔はんべつ〕**……この「判」の意味は？

はっきりと区別すること。「判る」で「わかる」と読むが、「判ける」は「わける」と読み、この熟語の「判」はこちらの意味で使われている。「判別がつかない」「判別方法」など。

□屈服〔くっぷく〕……この「服」の意味は?

相手の勢いにおされて、従うこと。「服」をサ変動詞化(漢字や熟語に「する」をつけて動詞化すること)して使う「服する」には、二つの意味がある。一つは、この「屈服」のような「したがう」という意味。もう一つは、「忌服」(近親者が亡くなり、喪に服すこと)のような、喪に服するという意味。

◉気になる日本語を「分解」してみよう2

□逸話〔いつわ〕……「逸」の意味は?

あまり知られていない興味深い話。正式な記録にはないエピソード。「逸れる」で「それる」と読み、この「逸」には、正規の記録からもれるという意味がある。「数々の逸話に彩られた人生」など。

□**号泣〔ごうきゅう〕**……この「号」の正しい意味は？

「号ぶ」で「さけぶ」と読み、「号泣」は大声をあげて泣くこと。ところが、文化庁の「国語に関する世論調査」では、声を出すかどうかは関係のない「激しく泣く」という意味だと思っている人が多いことがわかっている。「悲しみのあまり号泣する」など。

□**肖像〔しょうぞう〕**……「肖」の意味は？

人の顔や姿を写して描いた絵や彫刻など。「肖る」で「にる」、あるいは「かたどる」「あやかる」と読む。「父の肖像画」「肖像権をおかす」など。

□**歴訪〔れきほう〕**……この「歴」の意味は？

いろいろな場所を訪ね歩くこと。「歴る」で「へる」と読み、方々へめぐること。これが、この漢字のもともとの意味で、「諸国歴訪の旅に出る」などと使う。

□**陳腐〔ちんぷ〕**……この「陳」の意味は？

ありふれていて、つまらないこと。「陳い」で「ふるい」と読む。「陳腐な表現」

「陳腐な意見」など。「陳」は多義的な漢字で、他に、「陳べる」は「のべる」（陳述、開陳）、「陳ねる」は「つらねる」（陳列）と読む。

□**特殊〔とくしゅ〕**……「殊」の意味は？

他のものと、著しく異なるさま。「特に」「殊に」ともに、「ことに」と読む。「特殊な才能」「特殊効果」「特殊相対性理論」など。

□**生涯〔しょうがい〕**……「涯」って何のこと？

この世に生きている間。「涯」は、もとは波打ち際のことで、陸地の終わりであることから、「はて」という訓読みがある。「生涯を捧げる」「生涯成績」など。

□**探索〔たんさく〕**……「索」の意味は？

知られていない事柄や真実、真相などをしらべ、知ろうとすること。「索める」で「もとめる」と読む。「歴史の謎を探索する」「付近を探索する」など。なお、「索引」（書籍中の語句を探しやすくするための一覧表）の「索」もこの意味。「索引を調べる」など。

□**繊細〔せんさい〕**……「繊」って何のこと？

細く小さいこと。あるいは、ささいなことにも、感じやすいこと。「繊」は、もとは細い糸を意味し、「繊い」で「ほそい」と読む。「繊細な作品」「繊細な神経」など。

□**投函〔とうかん〕**……「函」の意味は？

封書などをポストに入れること。「函館」という地名もあるように、「函」には「はこ」という訓読みがある。また、「函れる」で「いれる」と読む。「葉書を投函する」など。

□**稽古〔けいこ〕**……「稽」って、どういう意味？

練習すること。「稽える」で「かんがえる」と読み、「稽古」はもとは「古《いにしえ》をかんがえる」こと。そこから、学ぶ、練習するという意味になった。「寒稽古」「稽古事」など。

□**大雑把〔おおざっぱ〕**……この「把」の意味は？

だいたいのところ。大まかに、雑に把握するという意味。「把む」で「つかむ」と読み、理解するという意味がある。「大雑把な性格」「大雑把な見積もりをとる」など。

□**要請〔ようせい〕**……この「要」の意味は？

必要なことを強く願い求めること。「要める」で「もとめる」、「請う」で「こう」と読む。「顧客たっての要請」「社長就任を要請する」など。

□**没頭〔ぼっとう〕**……「没」って、どうすること？

一つのことに集中し、他をかえりみないこと。「没」は「ない」という意味で、「没頭」は他のことに使う頭がないという意味。「研究に没頭する」「事業に没頭する」など。

□**致命的〔ちめいてき〕**……「命」をどうすること？

命にかかわるほどの、という意。「致る」で「いたる」と読み、「致命」は命を差し出すほどの、という意味になる。「致命的な痛手をこうむる」「致命的な欠陥」などと使われる。

◉謎の日本語を「分解」してみよう①

□**魅了**〔みりょう〕……「了」って、どういう意味？

心をひきつけ、夢中にさせること。「了」は「完了」「終了」などと使うように、「すっかり○○する」という意味をつくり、「了わる」で「おわる」と読む。「観衆を魅了するプレー」など。

□**抵抗**〔ていこう〕……「抵」って、どういう意味？

外部から加わる力に対して、逆らうこと。「抵」には、逆らうという意味がある。「抵抗勢力」「大企業の進出に抵抗する」「無駄な抵抗はやめろ」など。

□**秩序**〔ちつじょ〕……「秩」って、どういう意味？

物事の正しい順序や筋道。「秩」と「序」には、順序や上下関係という意味がある。「法秩序」「秩序を乱す」「秩序立った議論」など。

□**検閲〔けんえつ〕**……「閲」って、どういう意味？

調べ改めること。とくに、国などが新聞や出版物などの表現を調べ、改めさせること。「検べる」で「しらべる」、「閲する」で「けみする」（しらべるという意）と読む。「雑誌を検閲する」など。

□**雄弁〔ゆうべん〕**……なぜ「雄」と書く？

説得力をもって、力強く語ること。この「雄」には、力強くという意味がある。「雄弁に物語る」「雄弁な政治家」「雄弁は銀、沈黙は金」など。

□**解析〔かいせき〕**……「析」って、どういう意味？

物事の構成要素などを細かく分けて調べること。「析」には細かいところまで調べるという意味があり、「析く」で「さく」と読む。「データ解析」「解析幾何学」など。

□**故意〔こい〕**……この「故」の意味は？
わざとすること。「故に」と書いて「ゆえに」と読む他、「ことさらに」（考えがあってわざとするという意味）とも読む。「故意に間違える」「故意犯」といえば故意にもとづいた犯罪。

□**暴露〔ばくろ〕**……この「暴」の意味は？
秘密や悪事をあばき、明るみに出すこと。「暴れる」は「あばれる」、「暴く」は「あばく」と読む。「秘密の暴露にあたる」「暴露本」「暴露記事」など。

□**排斥〔はいせき〕**……この「斥」の意味は？
受け入れられないとして、しりぞけること。「斥ける」で「しりぞける」と読む。「外国製品を排斥する」「暴力教師を排斥する」など。

□**開拓〔かいたく〕**……この「拓」の意味は？
山野などを切り開き、田畑などにかえること。「拓く」で「ひらく」と読む。「原野を開拓する」「アメリカの西部開拓時代」など。比喩的に「新しい販路を開拓する」などとも使う。

◉謎の日本語を「分解」してみよう②

□偵察〔ていさつ〕……この「偵」の意味は？

敵の陣容や動静をひそかにさぐること。「偵う」で「うかがう」と読む。「敵状を偵察する」「偵察衛星を打ち上げる」など。「探偵」の「偵」も、もちろんこの意味。

□贅沢〔ぜいたく〕……「贅」って、どんな意味？

必要以上にお金をかけること。「贅」は派手なもの、無駄なもの（贅肉）という意味。「贅沢三昧」「贅沢な暮らし」など。

□発祥〔はっしょう〕……「祥」の意味は？

物事の始まり。「祥」はめでたいことを意味し、「発祥」は、もとは天子となるよいしるし（瑞祥《ずいしょう》）が現れることだった。「○○発祥の地」などと使う。

□**雰囲気**〔ふんいき〕……「雰」の意味は？
その場に漂う感じ。人々が作り出している気分。「雰」には「きり」という訓読みがあり、本来は霧が立ち込めるという意味。「雰囲気の悪い職場」「雰囲気を壊す言動」など。

□**恒例**〔こうれい〕……この「恒」の意味は？
決まって行われること。「恒」は「つね」と訓読みし、いつもと変わらないという意味。「恒例行事」「恒例とする」など。

□**匿名**〔とくめい〕……「匿」の意味は？
自分の名を隠すこと。「匿す」で「かくす」と読む。「匿名希望」「匿名で投書する」など。

2　面白いほど記憶に残る漢字の覚え方

◉意味がわかれば、漢字は読める！　書ける！

□**老舗〔しにせ〕**……「舗」には、どんな意味がある？

古くから代々続いている店。「舗」一字で「みせ」と読む。「銀座きっての老舗」など。一方、「舗く」で「しく」と読み、前述したように、「舗装」の「舗」はこちらの意味。

□**凡例〔はんれい〕**……この「凡」の意味は？

その書物の編集方針や使い方を述べた部分。「凡て」で「すべて」と読み、「凡例」の「凡」は、「平凡」という意味ではなく、すべてに共通するという意。「辞書の凡例」「凡例によると～」など。

□**科白〔せりふ〕**……「科」と「白」の意味は？

役者が芝居でいう言葉。「科」にはしぐさ、「白」には言うという意味があり、「白す」で「もうす」と読む。「気のきいた科白」「どこで覚えた科白だ」など。台詞とも書く。

□**支度〔したく〕**……「支」と「度」、それぞれの意味は？

用意をととのえること。「支」には分ける、「度」には「はかる」という意味があり、「支度」はもとは分けたり、はかったりすること。そこから「準備する」という意味が生じた。「旅支度をする」「夕餉の支度をはじめる」など。

□**法度〔はっと〕**……では、こちらの「度」の意味は？

禁じられていること、掟、法令。こちらの「度」は、決まり、制度という意味で使われている。「天下の御法度」など。

□**流布〔るふ〕**……この「布」の意味は？

世間に広く知れわたること。「布く」で「しく」と読み、広げるという意味がある。「世間に妙な噂が流布している」などと使う。

□**独擅場〔どくせんじょう、どくだんじょう〕**……この「擅」の意味は？

その人だけが活躍できる場。「擅」には「ほしいまま」という訓読みがある。なお、この語は、本来は「どくせんじょう」と読むが、今は「どくだんじょう」という慣用読みが主流になり、書き方も「独擅場」から「独壇場」に変化しつつある言葉。

□**消耗〔しょうもう〕**……「耗」って、どういう意味？

使って、なくすこと。体力や気力を使いきること。本来は「しょうこう」と読むが、現在は「しょうもう」が一般的な読み方。「耗る」で「へる」と読む。「消耗品」など。

□**呂律〔ろれつ〕**……この「呂」と「律」の意味は？

言葉の調子。「呂」も「律」も、古い音楽関係の言葉で、もとは「りょりつ」と読んだが、それが音変化して「ろれつ」になった。「呂律が回らない」など。

□**端緒〔たんしょ〕**……「緒」の意味は？

物事の始まり、手がかり。「緒」には「いとぐち」という訓読みがある。本来の読み方は「たんしょ」だが、「たんちょ」という慣用読みが広まっている。「事件解決の端緒をつかむ」など。

□**凡庸〔ぼんよう〕**……「庸」って、どういう意味？

ありふれていて、特徴がないこと。「庸」には「つね」という訓読みがあり、日常的なことから、平凡という意味が生じた。「凡庸な作品」「凡庸な人物」など。

□**莫大〔ばくだい〕**……「莫」の意味は？

きわめて大きいさま。「莫かれ」で「なかれ」と読むが、「大きくない」ことではなく、「これほど大きいものはない」という意味。「莫大な資産を相続する」「莫大な損失を被《こうむ》る」などと使う。

◉その漢字の〝組み合わせ〟には意味がある

□挨拶〔あいさつ〕……「挨」と「拶」の意味は?

朝のあいさつなど、儀礼的な言葉や動作のこと。「挨」にも「拶」にも「せまる」という意味があり、互いに近づくことから、今の意味が生じた。

□周到〔しゅうとう〕……「周」と「到」、それぞれの意味は?

手落ちがなく、すべて行き届いているさま。隅々まで考え抜かれた様子。「周く」で「あまねく」と読み、隅々までという意。「到」は、目的とする状態に行き着くという意。「用意周到」「周到に根回しする」「周到な計画を立てる」など。

□猶予〔ゆうよ〕……「猶」と「予」、それぞれの意味は?

決められた日時などを延ばすこと。「猶」は、もとは大猿を意味し、その猿が臆病で、人が近づくと、木に上って隠れることから、決断せずにためらうという意味が生じた。「予」にも、疑いためらう、延ばす、という意味がある。「猶予を与える」「執行猶予」など。

□伯仲〔はくちゅう〕……「伯」と「仲」、それぞれの意味は？

優劣の差がほとんどないこと。中国では、長男を「伯」、次男を「仲」、三男を「叔」、四男を「季」と呼んだ。そのうち、長男の「伯」と次男の「仲」は優劣の差がつけにくいことから、優劣がないという意味が生まれた。「実力が伯仲する」など。

□億劫〔おっくう〕……この「億」と「劫」、それぞれの意味は？

面倒で、気が進まない様子。「億」は数の単位で、「劫」はきわめて長い時間の単位。その「劫」が「億」もあることから、もとは長大な時間、永遠を意味した。

□滑稽〔こっけい〕……「滑」と「稽」、それぞれの意味は？

ばかばかしく、おもしろいこと。「滑らか」で「なめらか」、「稽める」で「とどめる」と読み、「滑稽」は、滑らかと思えば、とどまるように、緩急自在であること。その様は面白いことから、今の意味が生じた。

□**貫禄〔かんろく〕**……「貫」と「禄」、それぞれの意味は？

身に備わった威厳や風格。「貫」は昔、田地の収穫量を銭に換算した単位。「禄」は、支給される手当て。そこから、「貫禄」は収入や豊かさを表し、やがて風格にかかわる今の意味が生じた。

□**遭遇〔そうぐう〕**……「遭」と「遇」、それぞれの意味は？

不意に出会うこと。偶然にめぐりあうこと。「遭う」も「遇う」もともに、「あう」と読む。「未知との遭遇」「遭遇戦」など。

□**折衷〔せっちゅう〕**……「折」と「衷」、それぞれの意味は？

複数の異なったものをうまく組み合わせること。「衷」には「うち」という訓読みがあり、真ん中のちょうどよいところという意味。「和洋折衷」「折衷案」など。

□**犠牲〔ぎせい〕**……「犠」と「牲」、それぞれの意味は？

もとは、いけにえのこと。そこから、目的達成のために、命を失ったり、損失を被ったりする者。「犠」「牲」ともに、一字で「いけにえ」と訓読みする。「尊い犠牲」「犠牲フライ」などと使う。

□**漂泊〔ひょうはく〕**……「漂」と「泊」、それぞれの意味は？
　所を定めず、さすらうこと。さまよい歩くこと。「漂う」で「ただよう」と読む。「漂泊の旅に出る」「漂泊生活を送った俳人」など。「漂白」（白くすること）と混同しないように。

□**唐突〔とうとつ〕**……「唐」と「突」、それぞれの意味は？
　前後のつながりなしに、だしぬけであること。この「唐」はでたらめな、「突」は急に、という意味がある。「唐突とは存じますが」「あまりに唐突な申し出で〜」などと使う。

□**次第〔しだい〕**……「次」と「第」、それぞれの意味は？
　物事を行う順序。順次。「次」も「第」も、順序、あるいは順序を定めるという意味がある。「式次第を考える」「次第に株価が下落している」など。

□**批判〔ひはん〕**……「批」と「判」には、どんな意味がある？

欠点などを指摘し、論じること。「批」には見分ける、「判」には区別するという意味があり、「批つ」で「うつ」、「判ける」で「わける」と読む。「批判を加える」「政府批判」など。

□**忖度〔そんたく〕**……「忖」と「度」、それぞれの意味は？

人の気持ちを推し量ること。「忖る」も「度る」も「はかる」と読む。「首相の意向を忖度して、行動する」など。

◉ちゃんと覚えたい「ビジネス」の言葉

□**投機〔とうき〕**……「投」って、どういう意味？

「機に投じる」ことで、機会につけこむという意味。おもに、当てにならない金儲けを狙うという意味で使う。「投機資金」「投機的な事業」など。

□**合弁〔ごうべん〕**……この「弁」の意味は？

外国資本との共同経営。この「弁」は本来は「辦」と書き、「辦」には、あつかう、そなえるという意味がある。「合弁会社」「合弁事業」など。

□**貿易〔ぼうえき〕**……この「貿」の意味は？

国際間の経済的な取引。輸出入など。「貿う」で「あきなう」、「貿える」で「かえる」と読む。「自由貿易体制を維持する」「貿易赤字がふくらむ」などと使う。

□**経済〔けいざい〕**……この「経」と「済」の意味は？

物の生産や、財産の消費や分配の活動。「経世済民」（世の中を治め、民を救済すること）の略語。「経」には治める、「済」には救うという意味がある。

□**定款〔ていかん〕**……「款」って、どういう意味？

法人や組織の目的、活動方針などに関する根本規則。「款す」で「しるす」と読む。「定款を変更する」など。

□剰余〔じょうよ〕……この「剰」の意味は？

あまり。余分。「剰る」で「余る」と同様、「あまる」と読む。「剰余金が出る」など。他に、「剰え」で「あまつさえ」（そのうえに、という意）と読む。

□需要〔じゅよう〕……「需」と「要」、それぞれの意味は？

手に入れようと求めること。経済学では、商品に対する購買欲求のこと。「需める」も「要める」も「もとめる」と読む。「需要が落ち込んでいる」「需要と供給の関係」など。

□妥協〔だきょう〕……「妥」って、どういう意味？

利害が対立したとき、両者が主張を譲り合って、おだやかに一致点を見つけること。「妥やか」で「おだやか」と読み、「協」には、力を合わせるという意味がある。「妥協点を探る」「妥協の産物」など。また、「妥当」（無理なく、まずまず適切であること）の「妥」も、「おだやかで、無理ではない」という意味。「妥当な判断」「妥当な価格」など。

□**融通〔ゆうずう〕**……この「融」の意味は？
場合に応じて、円滑に自在に対応すること。「融る」で「とおる」と読み、「融」には滑らかに進むという意味がある。「融通をきかせる」「融通無碍」「融通手形」など。

□**均衡〔きんこう〕**……「衡」って、どういう意味？
二つ以上のものがつりあうこと。「均」にも「衡」にも、「ひとしい」という意味がある。「衡る」で「はかる」と読む。「均衡がとれた状態」「均衡を失う」など。

□**報酬〔ほうしゅう〕**……「酬」には、どんな意味がある？
働いたことに対して支払われるお金や物。「報いる」も「酬いる」も、「むくいる」と読む。「成功報酬」「報酬体系」など。

□**交渉〔こうしょう〕**……「渉」って、どうすること？
ある問題に関して、相手と話し合うこと。この「交」は、意見を交わすという意。一方、「渉」は「渉る」で「わたる」と読み、両者の境を越えるという意味。「交渉が決裂する」「政府間交渉」など。

◉味わいのある古風な日本語の謎

□**合点**〔がってん〕……この「点」は、何につけた「点」？

同意。承知すること。かつて和歌の会で、よいと思った和歌に「○」や「・」の評点をつけることがあった。それを「合点」と呼んだことから、「納得する」という意味合いが生まれた。「合点承知」や「合点がいかない」などと使う。

□**失敬**〔しっけい〕……この「敬」の意味は？

もとは、文字通り、敬意を失するという意味で、「失敬な奴」「失敬な振る舞い」などと使う。転じて、人の物を承諾なしにとったり、借りたりすることを意味するようになった。「タバコを一本失敬する」など。

□**成敗**〔せいばい〕……この「成」と「敗」の意味は？

処罰する。あるいは、打ち首にすること。この語は、もとは「善を成し、悪を敗る」という意味で、後に裁き、処罰、処刑といった意味が生じた。なお、「成敗《せいはい》」と濁らずに読むと、成功と失敗という意味で「成敗は時の運」などと使う。

□**元服〔げんぷく〕**……この「元」と「服」の意味は？

大人になる儀式。あるいは成人すること。「元」はあたま、「元服」はもとはその頭につけるもの＝冠を意味した。古代中国では、成人すると冠をつけたところから。

□**尋常〔じんじょう〕**……「尋」と「常」、それぞれの意味は？

普通であること。「尋」「常」ともに古代中国の長さの単位で、「尋」は約八尺、「常」はその二倍の長さ。ともにありふれた長さであることから、「変わったことではない」という意味が生じた。「尋常ではない」「尋常小学校」など。

□**年賀〔ねんが〕**……この「賀」の意味は？

新年の祝い。「賀ぶ」で「よろこぶ」と読み、「賀」には「祝い」という意味がある。「賀正」は、正月の祝い。

□一陣の風〔いちじん〕……この「陣」の意味は？
ひとしきり吹く風。この「陣」には「ひとしきり」という意味がある。「一陣のにわか雨」のように、「雨」に関しても使える。

◉なんだかコワそうな言葉の謎

□迫害〔はくがい〕……この「迫」の意味は？
苦しめ、虐げること。「迫る」で「せまる」、「害う」で「そこなう」と読む。「迫害にあう」「異教徒を迫害する」など。

□窃盗〔せっとう〕……「窃」の意味は？
盗みをはたらくこと。「窃む」で「盗む」と同様、「ぬすむ」と読む。「窃盗事件」「窃盗の前科がある」など。

□訃報〔ふほう〕……「訃」の意味は？
死亡の知らせ。「訃らせ」で「しらせ」と読む。「大スターの訃報が世界を駆けめぐる」など。

□**窒息〔ちっそく〕**……この「窒」の意味は？
息がつまり、呼吸できなくなること。「窒ぐ」で「ふさぐ」と読む。「窒息状態に陥る」など。比喩的に「この会社は風通しが悪くて、窒息しそうだ」などと使う。

□**危篤〔きとく〕**……「篤」の意味は？
病状がひじょうに重く、今にも死にそうな状態。「篤」には「重篤」などというように、病気が重いという意味がある。「危篤に陥る」「危篤状態」など。

□**訴訟〔そしょう〕**……「訟」って何のこと？
裁判所に訴え出ること。「訟える」も「訴える」と同様、「うったえる」と読む。また、「訟う」は「あらそう」と読む。「訴訟沙汰になる」「訴訟を起こす」など。

□**幽閉〔ゆうへい〕**……この「幽」の意味は？
ある場所に閉じ込めて、外に出さないこと。「幽い」で「くらい」と読み、「幽閉」は、日の当たらない場所に閉じ込めるというニュアンスがある語。「地下牢に幽閉する」など。

□**虐待〔ぎゃくたい〕**……この「待」の意味は？

むごい扱いをすること。「虐げる」で「しいたげる」と読む。「待」には「もてなす」という意があり、そこから取り扱うという意味。「児童虐待」「動物虐待」など。

□**抹殺〔まっさつ〕**……「抹」って、どういう意味？

消し去ること。葬り去ること。「抹る」で「する」と読む。一方、この「殺」は「完全に○○する」という意味をつくる助字。「社会から抹殺される」など。

□**保釈〔ほしゃく〕**……この「釈」の意味は？

勾留中の被告人を一時的に釈放すること。「釈す」で「ゆるす」と読み、「多額の保釈金を積む」などと使う。他に、「釈く」で「とく」（解釈、釈明）、「釈てる」で「すてる」と読む。

□**拷問〔ごうもん〕**……「拷」の意味は？

容疑者の取り調べなどで、肉体的な苦痛を加えて、自白を強いること。「拷つ」で「うつ」と読む。「拷問を加える」「拷問器具」など。

□**疾病〔しっぺい〕**……この「疾」の意味は？

病気のこと。「疾」一字で「やまい」と読む。「疾病保険」などと使う。他に、「疾い」で「はやい」（疾風、疾走）、「疾む」で「にくむ」と読む。

□**故買〔こばい〕**……この「故」の意味は？

「故（ゆえ）を知って買う」という意味で、盗品だという事情を知りながら買うという意。「盗品故買の常習犯」など。

◉教養ある大人が身につけている言葉①

□**実践〔じっせん〕**……「践」の意味は？

理論や主義主張を実際に行うこと。「践」は、もとは足で踏むという意味で、「践む」で「ふむ」と読む。そこから、現場を踏み、実際に行うという意味が生じた。「理論と実践の狭間《はざま》」「実践哲学」など。

□**怠惰〔たいだ〕**……「惰」って、どういう意味？

怠け、気力がなく、だらしないこと。「怠ける」で「なまける」、「怠る」で「おこたる」と読む。「惰る」も「おこたる」と読む。「怠惰な生活」「怠惰な性格」など。

□**緻密〔ちみつ〕**……「緻」の意味は？

細かく、注意が行き届いているさま。「緻かい」で「こまかい」と読み、「緻」には、ひじょうに細かいという意味がある。「緻密な仕事ぶり」「緻密な作戦」など。

□**中庸〔ちゅうよう〕**……「庸」って、どういう意味？

一方に偏ることなく、調和がとれているさま。この「庸」は、偏りがないという意味。「中庸を得た意見」など。なお、「凡庸」の「庸」は、特徴がないという意味である。

□忙殺〔ぼうさつ〕……なぜ「殺」と書く？

仕事などに追われ、ゆとりを奪われるさま。この「殺」は、前述したように、意味を強めるための助字で、「すっかり○○する」という意味をつくる。「雑事に忙殺される」など。

□語弊〔ごへい〕……「弊」って、どういう意味？

言葉の使い方が適切でないために起きる弊害。誤解を招く言い方。「弊」は、もとは「たおれる」「やぶれる」という意味で、そこから「悪い」という意味が生じた。「語弊があるかもしれませんが」は、悪口やきつい表現を使うときのエクスキューズ的な前置きとしても使われる。

□擁立〔ようりつ〕……この「擁」の意味は？

もり立てること。とくに、君主を擁護して、位につかせること。「擁く」で「いだく」と読む。「候補を擁立する」「幼帝を擁立する」などと使う。

□心酔〔しんすい〕……この「酔」の意味は？

人や物事に心を奪われて、夢中になるさま。この「酔」は、まるで酔っ払ったように、周りのことがわからなくなるという意味。「ゴッホの絵に心酔する」など。

□旺盛〔おうせい〕……「旺」の意味は？

勢いがあるさま。活動力がさかんであるさま。「旺ん」も「盛ん」と同様、「さかん」と読む。「旺盛な好奇心」「旺盛な食欲」など。

□狭量〔きょうりょう〕……この「量」は何を意味している？

心が狭いこと。この「量」は「度量」のことで、能力や人格の幅を表す。「狭量な性格」「細かなことにこだわる狭量な上司」など。

□脱却〔だっきゃく〕……「却」って、どういう意味？

古い考え方などから抜け出し、自由になること。「却」は、「焼却」「滅却」などと使うように「完全に○○する」という意味をつくる。「旧弊を脱却する」など。

□**該当〔がいとう〕**……「該」って、どういう意味？
当てはまること。「該」には「当」と同様、「あたる」という意味がある。「該当者なし」「該当する件は見当たらない」などと使う。

□**憮然〔ぶぜん〕**……「憮」って、どういう意味？
失望して、ぼんやりしている様子。立心偏の漢字は「心」に関係することが多く、正しくは「憮」は心が無くなる↓失意であるという意味。「憮然として黙り込んでいる」などと使う。ところが、今は「腹を立てている様子」という意味に使う人が多い熟語。

□**倒錯〔とうさく〕**……なぜ「倒」と書く？
逆さまになって、混乱するさま。この「倒」は逆さまに、「錯」は混乱して間違えるという意味。「倒錯した愛情」「倒錯した関係」など。

□**偶発〔ぐうはつ〕**……この「偶」の意味は？
偶然に物事が起きること。「偶」一字で「たまたま」と訓読みする。「偶発的な事件」「事故が偶発する」などと使う。

□**漫歩**〔まんぽ〕……この「漫」の意味は？
あてもなく、ぶらぶら歩き回ること。そぞろ歩き。「漫に」は「そぞろに」と読み、「漫りに」と一字増やすと「みだりに」と読む。「付近を漫歩する」など。

□**隆々**〔りゅうりゅう〕……この「隆」の意味は？
力強く盛り上がっているさま。「隆い」で「たかい」と読む。「筋肉隆々」「隆々たる名声」など。なお、「細工は〝りゅうりゅう〟」は「流々」と書く。

□**迂遠**〔うえん〕……「迂」って、どういう意味？
まわりくどい様子。「迂」には、道が曲がりくねっていて遠いという意味がある。「迂遠な説明」「迂遠な方法」「迂遠な計画」など。

□**時宜**〔じぎ〕……この「宜」の意味は？
ちょうどよい時期。「宜しい」で「よろしい」と読む。「時宜にかなった発言」、

「時宜を得た企画」などと使う。

□準拠〔じゅんきょ〕……「準」って、どういう意味？

あるものをよりどころにして、従うこと。「準」には、参考にするという意味がある。「拠」は「拠る」で「よる」と読み、判断のもととなるもの。「史実に準拠する」など。

□必須〔ひっす〕……この「須」の意味は？

欠かせないこと。「須いる」で「もちいる」、「須める」で「もとめる」と読む。「必須知識」「必須の条件」「必須アミノ酸」など。

□息災〔そくさい〕……この「息」の意味は？

健康であること。達者であること。「息む」で「やすむ」、「息める」で「やめる」と読み、「息災」は災いをとどめるという意味。「息災で何よりです」「無事息災」など。

□**委曲〔いきょく〕**……「委」って、どういう意味？
くわしく、こまかなこと。「委しい」で「くわしい」と読む。「曲」にも、くわしいという意味がある。「委曲を尽くして説明する」など。

□**汎用〔はんよう〕**……「汎」の意味は？
いろいろな用途にひろく使えること。「汎い」で「ひろい」と読み、多岐にわたるという意味。「汎用品」「汎用機」「汎用コンピューター」など。

□**庶務〔しょむ〕**……この「庶」の意味は？
種々雑多な事務のこと。「庶務課」は、そうした仕事を担当する課である。「庶」一字で「もろもろ」と読む。他に、「庶う」で「こいねがう」、「庶い」で「ちかい」と読む。

□**警句〔けいく〕**……この「警」の意味は？
短く巧みな表現で、真理をつく言葉。「警める」で「いましめる」と読む。「警句を吐く」「警句集」など。

□**禅譲〔ぜんじょう〕**……この「禅」の意味は？

天子などの統治者が、その位を世襲にしないで、有徳の人に譲ること。「禅る」で「ゆずる」と読む。「ひそかに禅譲に期待する」など。

□**牧歌的〔ぼっかてき〕**……「牧歌」って、どんな歌？

素朴で叙情的なこと。「牧歌」は、牧場で牧童が歌う歌。あるいは、牧場の暮らしを題材にした歌や詩。「牧歌的な雰囲気」「牧歌的な風景」などと使う。

◉教養ある大人が身につけている言葉②

□**普請〔ふしん〕**……「普」って、どういう意味？

建築。〝普《あまね》く請う〟であり、もとは寺院の仕事を信者などに手伝ってもらうこと。その際、寺院建設にも従事してもらったことから、建築という意味が生じた。「普請道楽」「普請奉行」など。

□**配剤〔はいざい〕**……この「剤」の意味は？

うまく取り合わせること。「剤える」で「そろえる」と読み、この「剤」は、いろいろな種類のものをとりそろえるという意味がある。「天の配剤」など。

□**頒布〔はんぷ〕**……「頒」って、どういう意味？

品物や資料を広く人々に配ること。「頒ける」で「わける」と読む。「希望者全員に頒布する」「頒布品」など。

□**好個〔こうこ〕**……この「個」の意味は？

ちょうどよい。適当な。「好個の物件」「好個の人物」などと使うが、この「個」は助字で、特別の意味はない。

□**客気〔かっき〕**……この「客」の意味は？

一時的に起きる勇気のこと。お客がよそからやってきて、一時的にいることにたとえた言葉。「客気にはやる」「客気にまかせる」などと使う。

□**属目〔しょくもく〕**……「属」って、どういう意味？

目に触れること。注目。「属く」で「つく」と読み、目をつけてよく見るという意味がある。「将来を属目される青年」など。

□**挙止〔きょし〕**……この「挙」と「止」の意味は？

立ち居振る舞いのこと。「挙」は「挙動」などと使うように動かすこと、「止」はとめることで、「挙止」は体を動かしたり、とめたりするという意味。「挙止端正」など。

□**点景〔てんけい〕**……この「点」の意味は？

描き添えるもの。風景画の画面を引き締めたり、趣を出したりするために、人物や動物を描き添えること。「点」には「ちょっと描き入れる」という意味がある。「点景として描き入れる」など。「添景」とも書く。

□**冊立〔さくりつ〕**……この「冊」の意味は？

皇太子や皇后を定めること。「皇太子に冊立する」など。「冊」は、今では書物を数える単位に使う漢字だが、もとは天子が爵位などを授けるときの命令書という意味もあった。なお、「冊」は漢音では「さく」と読み、「さつ」は慣用読み。×さりつ。

□**同断**〔どうだん〕……「断」って、どういう意味？

前の通りであること。この「断」は「ことわる」ではなく、「さだめる」という意味。「断める」で「さだめる」と訓読みする。「以下同断」など。

□**吟遊**〔ぎんゆう〕……この「吟」の意味は？

自作の詩を朗読しながら、各地をめぐること。「吟う」で「うたう」と読む。「吟遊詩人が訪れる」など。

□**懸河の弁**〔けんがのべん〕……この「懸」の意味は？

「懸河」は、上からつるして〝懸けた〟かのように、流れの急な川。「懸河の弁」は、その水の流れのように、淀みのない話し方。「懸河の弁をふるう」など。

□**遷化〔せんげ〕**……この「遷」の意味は？

高僧が死ぬこと。「遷る」で「うつる」と読み、場所をかえるという意味。「遷化」には、この世での教化を終えて、他の世に「遷る」という意味がある。

□**周旋〔しゅうせん〕**……この「周」と「旋」の意味は？

仲に立って、とりもつこと。「周る」も「旋る」も「めぐる」と読み、ぐるぐる回ることから、人の世話をするため、奔走するという意味が生じた。「両者の間を周旋する」など。

□**封緘〔ふうかん〕**……「緘」の意味は？

手紙などに封をすること。「緘じる」で「とじる」と読む。「封緘して投函する」など。

第3章

その漢字の意味をめぐる大誤解とは？

「はじめに」でも述べたように、漢字は「多義的な表意文字」です。一つの漢字が複数の意味を持っているため、見慣れた漢字が、熟語ではいつもとは違う意味で使われていることが多々あります。

この章で紹介するのは、そうした〝いつもとは違う意味〟で使われている漢字の代表例。「集落」の「落」や、「敗北」の「北」など、見慣れた漢字の意外な意味をご存じですか？

1　もしかして、誤解していませんか

◉それは、その意味ではない①

□独白〔どくはく〕……この「白」は「しろ」という意味ではない

ひとりごとを言うこと。前述したように、「白す」で「もうす」と読む。「独白劇」「独白録」など。「告白」や「自白」「白状」などの「白」もこの意味。

□妙齢〔みょうれい〕……この「妙」は「妙な」ではなく、「若い」という意味

若い年代。とくに、若い女性に対して使う言葉。「妙い」で「わかい」と読み、「妙年」も同様の意味。「妙齢の婦人を同伴して現れる」など。

□**強弁〔きょうべん〕**……この「強」は「強い」という意味ではない

無理な理屈をつけて、言い張ること。この「強」は「つよい」ではなく、「強《し》いる」（無理に押しつける）という意味。「強弁に過ぎる政府答弁」など。

□**意表〔いひょう〕**……この「表」は「おもて」ではなく、「そと」という意味

考えに入れていないこと。この「表」は「そと」という意味で、予想外であること。「意表を突く」や「意表に出る」は、相手が思いもしないことをすること。

□**卑近〔ひきん〕**……この「卑」は「いやしい」という意味ではない

手近なこと。身の回りにありふれていること。「卑」は身分が高くないという意味で、そこから、身近という意味が生じた。「卑近な例を挙げる」など。

□**謝絶〔しゃぜつ〕**……この「謝」は「あやまる」ではなく、「ことわる」という意味

相手の申し入れを断ること。「謝る」は「あやまる」の他、「ことわる」とも読む。「面会謝絶」「理不尽な要求を謝絶する」などと使う。

□**的中〔てきちゅう〕**……この「中」は「なか」という意味ではない
弾丸などが、的にあたること。予測や推理があたること。「中る」で「あたる」と読む。「全弾、的中する」「予感が的中する」など。

□**努力〔どりょく〕**……この「力」は「ちから」という意味ではない
目的のため、力を尽くして励むこと。「力める」で「つとめる」と読む。「努力家」「努力にまさる才能はない」など。

□**割愛〔かつあい〕**……この「愛」は「あいする」という意味ではない
惜しいと思うものを手放すこと。「愛しむ」で「おしむ」と読む。ところが、「不必要なものを切り捨てる」という意味だと思っている人が多い言葉。「ページ数が足らないので、残念ながら割愛する」などが、正しい使い方。

□**過誤〔かご〕**……この「過」は「すぎる」という意味ではない
あやまち。失敗。「過つ」で「あやまつ」、「過」一字で「とが」と読む。「医療過誤」「判断に過誤がある」などと使う。

□赤貧〔せきひん〕……この「赤」は「あか」という意味ではない

ひどく貧しいさま。「赤」には「あか」の他に、「赤裸々」などとも使うように「まるはだかの」「何ももたない」「まったくの」という意味がある。「赤貧洗うが如し」は、水で洗い流したように、何ひとつ物がないほどに貧しいという意味。

□拘泥〔こうでい〕……この「泥」は「どろ」のことではない

こだわること。必要以上に気にすること。この「泥」は「どろ」ではなく、「泥む」で「なずむ」と読み、動きにくくなるという意味。一方、「拘」には、つかまるという意味がある。「前例に拘泥する」「勝敗に拘泥する」などと使う。

□失神〔しっしん〕……この「神」は「かみ」という意味ではない

正気を失うこと。今は、一時的に意識を失うという意味で使うことが多い。この「神」は神様ではなく、心のこと。「神」には「かみ」の他、「たましい」という訓読みもある。「失神状態に陥る」など。

□**横溢〔おういつ〕**……この「横」は「よこ」という意味ではない
あふれんばかりに盛んなこと。この「横」には「みなぎる」という意味がある。「元気横溢」「活力が横溢する」など。

□**明細〔めいさい〕**……この「細」は「ほそい」という意味ではない
はっきりしていて、くわしいこと。「細かい」で「こまかい」、「細しい」で「くわしい」と読む。「給与明細」「会計明細を求める」など。

□**雑居〔ざっきょ〕**……この「雑」は「ざつ」という意味ではない
いろいろな人が一か所に居住すること。「雑える」で「まじえる」と読み、「雑種」の「雑」もこの意味。「一室に二世帯が雑居する」「雑居ビル」などと使う。

□**樹立〔じゅりつ〕**……この「樹」は「き」という意味ではない
確立すること。記録などを打ち立てること。「樹える」で「うえる」、「樹てる」で「たてる」と読む。「革命政権を樹立する」「世界新記録を樹立する」などと使う。

□若干〔じゃっかん〕……この「干」は「干す」という意味ではない

少しばかり。「若干」は、「干」を「十」と「一」に分けられることから、「一の若く、十の若し」と見立て、「それほど多くはない」という意味になった語。「若干名」などと使う。「弱冠」（年の若いこと。男子二十歳の異称）との混同には注意が必要。

□都合〔つごう〕……この「都」は「みやこ」という意味ではない

「都て」で「すべて」と読み、「都合」本来の意味は「合計」や「ひっくるめて」。後に、具合や他との関係という、今の意味が生じた。「都合がつかない」「都合が悪い」など。

□絶叫〔ぜっきょう〕……この「絶」は「たえる」という意味ではない

出せるかぎりの大声を出して叫ぶこと。この「絶」は、これ以上はないという意。「恐怖のあまり、絶叫する」「絶叫マシーン」など。また、「絶品」や「絶景」の「絶」も「たえる」という意味ではなく、きわめてすぐれた、かけはなれたという意味。「絶品ですねぇ」など。

□**踏襲〔とうしゅう〕**……この「襲」は「おそう」ではなく、「つぐ」という意味

受け継ぐこと。この「襲」は「おそう」という意味ではなく、「襲名」などと使うように「うけつぐ」という意味。「襲ぐ」で「つぐ」と読む。「前例を踏襲する」など。

◉それは、その意味ではない②

□**欠伸〔あくび〕**……この「欠」は「かける」という意味ではない

「欠」は、もともと人が口を開けているさまを表す象形文字で、「欠」一字でも「あくび」と読む。「欠ける」は後に生じた意味。一方、「伸」は、あくびをするとき、思い切り手足を伸ばすことを表している。

□**集落〔しゅうらく〕**……この「落」は「おちる」という意味ではない

人が集まり、住んでいるところ。「落」一字で「さと」と訓読みする。「村落」の「落」も同じ意味。「山中の集落で暮らす」「限界集落」などと使う。

□**左官**〔**さかん**〕……この「左」は「ひだり」ではなく、「たすける」という意味
壁を塗る職人。もともと、宮中の建築や修理を司る役職を「木工属《もくのさかん》」と呼び、後に壁を塗る職人を「さかん」と呼ぶようになり、「官を補佐する」という意味で「左官」と書くようになった。「左ける」で「たすける」と読む。

□**演説**〔**えんぜつ**〕……この「演」は「演じる」という意味ではない
大勢の前で、自分の主張を述べること。「演べる」で「のべる」と読む。「選挙演説」「立会演説会で熱弁をふるう」など。

□**刀創**〔**とうそう**〕……この「創」は「つくる」ではなく、「きず」という意味
刀きず。「創」には「きず」という訓読みがあり、「刀創を負う」などと使う。「金創」は「金属製の刃物による傷」。他に、「創める」で「はじめる」と読む。

□**密林**〔**みつりん**〕……この「密」は「密か」という意味ではない
木や草が密生している林。ジャングルのこと。「密し」で「しげし」と読み、「密

林の王」「密林地帯」などと使う。一方、「密か」は「ひそか」と読む。

□**零落**〔**れいらく**〕……この「零」は「れい」という意味ではない

落ちぶれること。「零ちる」で「おちる」と読む。「見る影もなく零落した姿」など。「零」は意外に多義的な漢字で、他に「零れる」で「こぼれる」、「零る」で「ふる」と読む。

□**与党**〔**よとう**〕……この「与」は「あたえる」という意味ではない

「与する」で「くみする」と読み、「与党」は、もとは同じ目的のため〝与する仲間〟のこと。やがて、政党政治が始まると、政権を支持する党という、今の意味で使われるようになった。また、「関与」（ある物事に、一員として関係すること）の「与」は「あたえる」という意味ではなく、一緒に行うという意味。「国政に関与する」など。

□**親政**〔**しんせい**〕……この「親」は「おや」という意味ではない

天子自らが政治を執り行うこと。この「親」は「おや」という意味ではなく、

「親ら」で「みずから」と読む。「親政に乗り出す」「後醍醐天皇の親政」など。

□専攻〔せんこう〕……この「攻」は「攻める」という意味ではない

ある分野を専門に研究すること。「専ら」で「もっぱら」と読む。「攻める」は「せめる」だけでなく、「おさめる」とも読み、研究するという意味。「法学を専攻する」など。

□校正〔こうせい〕……この「校」は「学校」という意味ではない

文章などの誤りを正すこと。原稿と仮刷り（ゲラ）を見比べて、照合すること。「校べる」で「くらべる」と読む。「校正者」「校正作業」など。

□名勝〔めいしょう〕……この「勝」は「かつ」という意味ではない

景色のすぐれているところ。この「勝」は「勝つ」ことではなく、「すぐれている」という意味。「勝る」で「まさる」と読む。「名勝を訪ねる」「県下きっての名勝」などと使う。

◉間違って覚えていそうな言葉〈人間関係〉

□**比肩〔ひけん〕**……この「比」は「くらべる」ではなく、「ならべる」という意味

肩を並べること。同等であること。「比ぶ」で「ならぶ」とも読む。「○○に比肩する存在」などと使う。

□**遊離〔ゆうり〕**……この「遊」は「あそぶ」という意味ではない

他と離れて、存在しているさま。この「遊」は、ただよう、さまようという意味。「浮遊」「遊星」「遊軍」などの「遊」も、この意味。

□**事大〔じだい〕**……この「事」は「こと」という意味ではない

強い者（大）のいいなりになってつき従っているさま。この「事」は「こと」という意味ではなく、「事う」で「つかう」と読み、仕えるという意味。「事大主義に陥る」など。

□**計略**〔けいりゃく〕……この「略」は「りゃくする」という意味ではない
相手をだまそうとするたくらみ。「略る」で「はかる」、「略」一字で「はかりごと」と読む。「相手を陥れるため、計略をめぐらす」など。

□**難詰**〔なんきつ〕……この「詰」は「つめる」という意味ではない
手厳しく、非難すること。問い詰めること。「詰る」で「なじる」と読む。「日頃の怠慢ぶりを難詰する」。

□**論難**〔ろんなん〕……この「論」は「論理的」という意味ではない
相手の不正や誤りを論じ、非難すること。「論う」で「あげつらう」と読む。「与党政治家の不正を論難する」など。

□**宿敵**〔しゅくてき〕……この「宿」は「やど」という意味ではない
年来の敵。前々からの敵。この「宿」は「やど」ではなく、「とどまる」や「とどめる」という意味。そこから「前々から」という意味が生じた。「宿願」や「宿弊」の「宿」も、「前々から」という意味で使われている。

◉間違って覚えていそうな言葉〈いろいろな状況〉

□**敗北**〔**はいぼく**〕……この「北」は「きた」という意味ではない

戦いに敗れること。あるいは、戦いに敗れて、逃げること。「北げる」で「にげる」と読む。今「敗北」というと、単に「負ける」ことだが、もとは「戦いに破れて〝逃げる〟」ことだった。「思わぬ敗北」「敗北主義」「敗北の美学」など。

□**奇特**〔**きとく**〕……この「奇」は「奇妙」という意味ではない

心がけや行いが、他と違って、感心なこと。「奇妙で珍しいこと」という意味ではない。「今どき、奇特な人だ」など。「奇しい」で「あやしい」の他、「めずらしい」とも読む。

□**残酷**〔**ざんこく**〕……この「残」は「のこる」という意味ではない

無慈悲で、むごたらしいこと。この「残」には「むごい」という意味がある。一方、「酷」は「酷い」で「ひどい」、「酷しい」で「きびしい」と読む。「残酷な仕打ち」「世界残酷物語」など。

□**腐敗〔ふはい〕**……この「敗」は「やぶれる」という意味ではない

腐ること。傷んで駄目になること。この「敗」は「戦いに敗れる」という意味ではなく、駄目になるという意味。「腐敗した政府」「精神が腐敗する」など。

□**姑息〔こそく〕**……この「姑」は「しゅうとめ」のことではない

一時の間に合わせ。「姑」は「しゅうとめ」と読むことが多いが、「しばらく」という訓読みもあり、この熟語ではその意味。「姑息な手段をとる」など。

□**精密〔せいみつ〕**……この「精」は、精神の「精」と同じ意味ではない

細かいところまで、注意が行き届いていること。あるいは、きわめて正確につくられていること。「精しい」で「くわしい」と読む。「精密測定」「精密機械のようなコントロール」など。一方、「精」には「こころ」という訓読みがあり、「精神」の「精」はこちらの意味。

□**席巻**〔せっけん〕……この「席」は「せき」ではなく「むしろ」という意味
圧倒的な勢いで広がること。「席」には「むしろ」という訓読みがあり、「席巻」はむしろを巻き上げるように、敵の領地を片端から攻め取ること。「学会を席巻した新説」などと使う。

◉間違って覚えていそうな言葉〈歴史の言葉〉

□**素封家**〔そほうか〕……この「素」は「素朴」という意味ではない
金持ちのこと。この「素」は「ない」という意味で、「封」は封土のこと。そこから、「素封家」は、領地（邦土）は持たないが、財産は持っている人のこと。

□**下知**〔げち〕……この「知」は「知る」という意味ではない
上の者が下の者へ指図すること。命令。「知」本来の意味は「知る」ことだが、治める、つかさどる、取り締まるという意味で使われることもある。「大将の下知に従う」など。

□**出師**〔**すいし**〕……この「師」は「先生」ではなく、「いくさ」という意味

出兵すること。「師」には「先生」という意味の他、「いくさ」という訓読みがある。「出師の表《ひょう》」は、三国時代の蜀の諸葛孔明が憂国の思いを秘めて書いた忠誠心あふれる名文。

□**鎖国**〔**さこく**〕……この「鎖」は「くさり」という意味ではない

外国との外交関係や通商を極端に制限する政策。「鎖す」で「とざす」と読み、「鎖国」は国を鎖すという意。なお、江戸時代のわが国も、オランダ、中国、朝鮮とは通商していたので、今は「いわゆる鎖国状態」という言い方をすることが多い。

□**遊行**〔**ゆぎょう**〕……この「遊」は「あそぶ」という意味ではない

僧侶が修行などのため、諸国をめぐり歩くこと。「遊」には「あそぶ」の他、「いろいろなところをめぐる」「見物してまわる」という意味がある。そのうち、「遊行の旅に出る」は前者、「物見遊山」は後者の意味。

2　ひょっとして、勘違いしていませんか

◉間違えたままにしてしまいがちな日本語①

□**暴戻**〔ぼうれい〕……この「戻」は「もどる」という意味ではない
荒々しく、道理に背《そむ》いた行い。残酷で徳義にもとるさま。「戻」は「もどる」だけでなく、古くから、そむく、たがうという意味で使われてきた漢字。「戻る」で「もとる」とも読む。「暴戻きわまる言動」「暴戻な君主」などと使う。

□**縦覧**〔じゅうらん〕……この「縦」は「たて」という意味ではない
自由に見て回ること。この「縦」は「たて」ではなく、ほしいままにする＝自由にするという意味。また「縦す」で「ゆるす」と読む。「新聞縦覧所」「縦覧禁止」

など。

□**懐旧〔かいきゅう〕**……この「懐」は「ふところ」という意味ではない

昔を懐かしく思い出すこと。「懐かしい」で「なつかしい」、「懐く」で「なつく」、「懐う」で「おもう」と読む。「故老から懐旧談を聞く」「懐旧の念がおさえられない」などと使う。

□**幾許〔いくばく〕**……この「許」は「ゆるす」という意味ではない

数量が多くないさま。若干。「許」には「ばかり」という訓読みがあり、「〜ほど」という意味。「余命、幾許もない」は、残す命がいくらもないことで、危篤状態を意味する。

□**怒濤〔どとう〕**……この「怒」は「いかる」という意味ではない

荒々しく、逆巻く波。「怒」という漢字には、「怒る」という意味の他に、「勢いがさかん」「荒れ狂う」という意味がある。「怒濤」の「怒」は、波の勢いが強く、荒々しい様子を表している。「怒濤の勢いで攻め込む」などと使う。

□**雅量**〔がりょう〕……この「雅」は「みやび」という意味ではない

おおらかで、ひろい心。この「雅」は「雅び」という意味ではなく、広く寛大なという意。「雅量ある人物とお見受けしました」などと使う。

□**首魁**〔しゅかい〕……この「魁」は、「さきがけ」という意味ではない

悪事などを首謀する張本人。「魁」には「さきがけ」と「かしら」という二つの訓読みがあり、この語は「かしら」という意味。「陰謀の首魁」など。

□**狭霧**〔さぎり〕……この「狭」は「せまい」という意味ではない

単に「霧」のこと。この「狭」は、接頭語の「さ」に漢字を当てたもので、「狭い」という意味はない。ちなみに、この「さ」は音読みではなく、訓読みに含まれる。

□**墨守**〔ぼくしゅ〕……この「墨」は「すみ」のことではない

しきたりや自説をかたくなに守ること。この「墨」は、中国春秋時代の思想家・墨子を表している。墨子は、博愛を説く一方、「守り」に徹する兵法家でもあった。

「墨守」には、後によくない意味が生じ、融通がきかないことを意味するようになった。「旧例を墨守する」など。

□**不逞〔ふてい〕**……この「逞」は「たくましい」という意味ではない

勝手に振る舞うこと。「逞」には「たくましい」という意味の他に、「思う存分にする」という意味がある。「不逞の輩」は、政府などに対して不満を抱き、反抗する者。

□**業腹〔ごうはら〕**……この「業」の意味は、かなり恐ろしい！

いまいましいこと。ひじょうに腹が立つこと。もとは、地獄の火（業火）が腹の中で煮えくり返るようという意味。「ここで引き下がるのは業腹だが、やむをえない」などと使う。

□**刻薄〔こくはく〕**……この「刻」は「きざむ」という意味ではない

ひどく薄情であること。この「刻」は「きざむ」という意味ではなく、「むごい」という意味。「酷薄」とも書く。「刻薄な性格」「刻薄な仕打ち」など。

◉間違えたままにしてしまいがちな日本語②

□**端坐**〔たんざ〕……この「端」は「はし」という意味ではない

姿勢を正して座ること。この「端」は「はし」という意味ではなく、「端正」などと使うように、きちんとしているという意味。「端坐して書見する」など。

□**客月**〔かくげつ〕……この「客」は「おきゃく」ではなく、「過去の」という意味

先月のこと。「客」には「過去の」という意味もあり、その場合は「かく」と読む。「客年《かくねん》」（去年のこと）、「客歳《かくさい》」（やはり去年のこと）など。

□**客死**〔かくし〕……この「客」も「おきゃく」という意味ではない

旅先で死ぬこと。「客」は「旅」を意味する場合も「かく」と読む。「過客《かかく》」は、通りすぎていく人（旅人）という意。「客思《かくし》」は〝お客の思い〟という意味ではなく、旅先での思い、つまりは旅情のこと。

□**鳩首**〔きゅうしゅ〕……この「鳩」は鳥の「はと」という意味ではない

集まって、相談すること。この「鳩」は鳥のハトではなく、集めるという意味。「鳩める」で「あつめる」と読む。「鳩首協議が行われる」など。

□**宿弊**〔しゅくへい〕……この「宿」は「やど」という意味ではない

古くからの弊害。前々からの悪しき習慣。この「宿」は「宿痾」などとも使うように、「前々から」という意味。「宿弊を一掃する」「宿弊を打破する」など。

□**従容**〔しょうよう〕……この「従」は「したがう」という意味ではない

あせらず、ゆったりしているさま。この「従」は「したがう」ではなく、のびやか、ゆるやかという意味。「従容とした語り口」「従容として死につく」などと使う。

□**凄然**〔せいぜん〕……この「凄」は「すごい」という意味ではない

わびしく痛ましい様子。寒々とした様子。「凄い」はふつう「すごい」と読むが、「さむい」とも読み、この熟語ではその意味で使われている。「凄然とした風景」「凄然とした表情を浮かべる」など。

第4章

メディアで見聞きする漢字には〝ワケ〟がある

この章にまとめたのは、新聞や雑誌などでよく見かける「中級レベルの熟語」。あなたは、「造詣」の「詣」や「漸次」の「漸」、「罷免」の「罷」などの意味をご存じでしょうか？

それらは、大人同士の会話にも、よく登場する熟語です。正しく知っていれば、間違った意味に使ったり、読み間違えたりして、恥をかくこともなくなるでしょう。

1 「テレビ」「新聞」「雑誌」の日本語の裏を読む

◉それはいったい何を指す？ 1

□教唆〔きょうさ〕……「唆」の意味は？

そそのかすこと。けしかけること。「唆す」で「そそのかす」と読む。「犯罪教唆」など。

□糾明〔きゅうめい〕……「糾」の意味は？

不正を問いただし、真相を明らかにすること。「糾す」で「ただす」と読み、「事実を糾明する」など。なお、「糾」には「みだれる」という意味もあり、「紛糾」の「糾」はこちらの意味。

□**兵站〔へいたん〕**……「站」って、どういう意味？
戦争遂行のため、必要な兵器や食糧を補給すること。「站」はもとは「立つ」という意味。後に駅や停車場、運ぶという意味が生じた。「兵站能力に問題がある」など。

□**被曝〔ひばく〕**……「曝」と「爆」を混同しないように注意！
放射能にさらされること。「曝す」で「さらす」と読む。「被曝線量」など。「被爆」（爆撃を受けること）と混同しないように。

□**租界〔そかい〕**……「租」って、どういう意味？
外国人が租借している土地。外国人が管理する地域。「租」には、借りるという意味がある。「租界地」「上海租界」など。「疎開」（住民や建物を分散させること）と混同しないように。

□**罷免〔ひめん〕**……「罷」って、どういう意味？
公職をやめさせること。「罷める」で「やめる」と読み、「大臣を罷免する」など。

「罷」は多義的な漢字で、「罷れる」で「つかれる」、「罷る」で「まかる」と読む。

□**幇助**〈**ほうじょ**〉……「幇」って、どういう意味?

手を貸すこと。とりわけ、違法行為に手を貸すときによく使われる。「幇ける」で「助ける」と同じように、「たすける」と読む。「殺人幇助」「犯罪幇助」など。

□**斡旋**〈**あっせん**〉……「斡」と「旋」、それぞれの意味は?

人と人の間をとりもち、世話をすること。「斡る」も「旋る」も「めぐる」と読み、あちらこちらめぐりながら世話をすることから、今の意味が生じた。「就職を斡旋する」など。

□**借款**〈**しゃっかん**〉……「款」の意味は?

金銭の貸借のこと。とくに、政府による国際的な資金の貸借。前述したように、「款す」で「しるす」と読み、法律文、契約文などを意味する。「円借款」「借款契約を結ぶ」など。

□**夭折〔ようせつ〕**……「夭」一字の読み方をご存じですか？
若くして亡くなること。「夭い」で「わかい」、「夭」一字で「わかじに」と訓読みする。一方、この「折」は、途中で駄目になるという意味。「夭折が惜しまれる」など。

◉それはいったい何を指す？②

□**俸給〔ほうきゅう〕**……「俸」って、どういう意味？
賃金。「俸」には「ふち」という訓読みがあり、労働の対価としてもらうお金のこと。一方、「給」は、「給う」で「たまう」と読む。「俸給がアップする」など。

□**担保〔たんぽ〕**……「担」と「保」、それぞれの意味は？
確かさを保証してくれるもの。「担」には、引き受けるという意味がある。「家屋敷を担保にとる」「担保不足に陥る」など。

□**稼働〔かどう〕**……なぜ「稼」と書く？
運転していること。「稼」は、仕事をして収入を得るという意味で、そこから機械が動くという意味が生じた。「稼働状況を調べる」「稼働率がなかなか上がらない」など。

□**俳諧**〈はいかい〉……この「諧」の意味は?

俳句の原型であり、その古い呼び方。「俳」には楽しませる、「諧」にはユーモアという意味があり、松尾芭蕉以前の俳諧は、滑稽味のある文芸だった。「俳諧師」「俳諧を嗜《たしな》む」など。

□**哺乳**〈ほにゅう〉……「哺」って、どういう意味?

乳を飲ませて、子を育てること。「哺む」で「はぐくむ」「ふくむ」(口にふくむという意)と読む。「哺乳類」「哺乳瓶」など。

□**謀反**〈むほん〉……「謀」の意味は?

主君にそむくこと。「謀叛」とも書く。「謀る」で「はかる」、「謀」一字で「はかりごと」と読む。「謀反を企てる」「謀反人」など。

□**戴冠〔たいかん〕**……「戴」の意味は？

王が初めて王冠を頭上にいただくこと。「戴く」で「いただく」と読む。「戴冠式」「戴冠にこぎつける」など。

□**名刹〔めいさつ〕**……「刹」は、もとは〝ある柱〟のこと

世間に知られた有名な寺。「刹」は、もとは僧が悟ったことを知らせる旗を立てるための柱。後に「寺」という意味が生じた。「石庭で知られる名刹」など。

□**窯業〔ようぎょう〕**……「窯」って、どういう意味？

土や砂などの非金属原料を、窯《かま》で高熱処理する工業。レンガやガラス、セメントなどを製造する。「窯」一字で使う場合は「かま」と訓読みする。

□**烙印〔らくいん〕**……「烙」の意味は？

熱した鉄印を押し当てて、印を焼き付けること。「烙く」で「やく」と読み、もとは中国で、鉄を熱して体に押しつける刑罰を表した漢字。「烙印を押される」は、消すことのできない汚名を受けるという意味。

□**沐浴〔もくよく〕**……「沐」には、どんな意味がある？

髪や体を洗い清めること。「沐う」で「あらう」と読み、頭から水をかぶるという意味がある。「斎戒沐浴して、事にあたる」などと使う。

□**蜃気楼〔しんきろう〕**……「蜃」って、何のこと？

水平線上などに、島影や建物などの幻が見える現象。古く中国では、その現象は「蜃」（大きなはまぐり）が不思議な気体を吐き出し、それに島影などが映ったものと思っていた。

◉「大人の語彙力」が試されるポイント①

□**神祇〔じんぎ〕**……「祇」には、どんな意味がある？

天神と地祇をまとめた言葉で、天つ神と国つ神のこと。「祇」には「くにつかみ」という訓読みがある。「じんき」と読まないように注意。

□**凱旋〔がいせん〕**……「凱」って、どういう意味？

戦いに勝って帰ること。「凱」には戦勝のときに演奏する音楽、「旋」には帰るという意味がある。「凱旋パレード」「首都に凱旋する」など。

□**漸次〔ぜんじ〕**……「漸」は「ざん」ではありません！

だんだんに。しだいに。「漸」の音読みは「ぜん」。「漸く」で「ようやく」と読み、「病状が漸次、快方に向かう」「利益が漸次、増加する」などと使う。×ざんじ。なお、「ざんじ」と読むのは「暫時」（しばらくの間という意）のほう。

□**造詣〔ぞうけい〕**……「詣」の音読みは「けい」、では意味は？

深い知識にいたること。「造る」は「つくる」の他、「いたる」とも読む。「詣」は、「詣でる」で「もうでる」と読み、「詣る」で「いたる」と読む。「さまざまなことに造詣が深い人物」など。×ぞうし。

□**俄然〔がぜん〕**……「俄」の意味は？

突然、ある状態が生じるさま。だしぬけに。「俄」の訓読みは「にわか」。「俄然、色めき立つ」「俄然、優勢になる」など。

□**熟慮**〔じゅくりょ〕……この「熟」の意味は？

じっくり考えること。「熟」一字で「つらつら」（よくよく、という意）と読み、「つらつら考える」という意味。「熟慮に熟慮を重ねる」など。なお、「熟る」は「にる」、「熟れる」は「うれる」と読む。

□**潤色**〔じゅんしょく〕……「潤」って、どういう意味？

大げさに表現したり、話を作りかえたりして、事実を歪《ゆが》めること。「事実を面白おかしく潤色する」などと使う。

□**葛藤**〔かっとう〕……「葛」と「藤」、それぞれの意味は？

いざこざ。もめごと。あるいは、心の中に相反するものがあって迷う状態。「葛《かずら》」も「藤」も、蔓がもつれる植物であることに由来する。「両者の間には、長年の葛藤が存在する」「内心、複雑な葛藤を抱いている」などと使う。

□垂涎〔すいぜん〕……「涎」の意味は？

欲しくて、よだれを垂らすこと。「涎」の訓読みは「よだれ」。「グルメ垂涎の一品」「垂涎の的《まと》」などと使う。「垂涎三尺」は、手に入れたいと強く願うことのたとえ。

□嗜好〔しこう〕……「嗜」の意味は？

人の好み。「嗜む」で「たしなむ」と読む。「嗜好が変化する」「嗜好品」などと使う。

□享楽〔きょうらく〕……「享」の意味は？

快楽にふけり、楽しみを味わうこと。「享ける」で「うける」と読み、「わがものとする」という意味がある。「享楽的な暮らしにふける」など。

□矯正〔きょうせい〕……「矯」には、どんな意味がある？

よくないところを直すこと。「矯める」で「ためる」と読み、「矯」には、曲がったものを直すという意味がある。「歯を矯正する」「O脚を矯正する」など。なお、同じ意味で「匡正」とも書き、「匡す」で「ただす」と読む。

□**惹起〔じゃっき〕**……「惹」の意味は？
事件などを引き起こすこと。「惹く」で「ひく」と読む。「複雑な問題を惹起する」「混乱を惹起する」など。

◉「大人の語彙力」が試されるポイント②

□**彷彿〔ほうふつ〕**……「彷」と「彿」、それぞれの意味は？
よく似ているさま。「彷」には「さまよう」という意味があるが、他に「ほのかに似ている」という意味もある。一方、「彿」には、「にかよう」あるいは「ほのか」という意味がある。「○○を彷彿とさせる」が定番の使い方。

□**沽券〔こけん〕**……もとは、どんな「券」のこと？
もとは、土地などの売り渡しに関する証文のこと。そこから、その人の値打ちという意味で使われるようになり、やがて面子《めんつ》を意味するようになった。「沽券にかかわる」など。

□**灼熱〔しゃくねつ〕**……「灼」の意味は？

焼けて、たいへん熱くなること。「灼く」で「やく」と読む。「灼熱の太陽」「灼熱地獄」など。

□**狡猾〔こうかつ〕**……「狡」と「猾」、それぞれの意味は？

ずるがしこいこと。「狡い」は「ずるい」、「猾い」は「わるがしこい」と読む。「狡猾な手段」「狡猾な性格」「狡猾に立ち回る」などと使う。

□**辟易〔へきえき〕**……「辟」と「易」、それぞれの意味は？

閉口する。うんざりすること。「辟」には「さける」、「易」には「かえる」という意味がある。そこから「辟易」は、もとは「道を避けて、場所を変える」という意味。そこから、相手を避けることになる今の意味が生じた。

□**羅列〔られつ〕**……「羅」って、どういう意味？

連ねて、並べること。「羅」には「羅ねる」で「つらねる」、あるいはそれ一字で

「あみ」という訓読みがあり、網の目のように多数のものが並ぶ様子を表す。「数字を羅列する」「責任逃れの言葉を羅列する」などと使う。

□廉価〔れんか〕……「廉」の音読みは「けん」ではない

値段がやすいこと。「廉」には大きく分けて二つの意味があり、ひとつは「廉直」「清廉」などと使う「いさぎよい」という意味。もうひとつは、この「廉価」などに使う値段がやすいという意味。「廉い」で「やすい」と読む。「廉価販売」「廉価品」など。

□琴線〔きんせん〕……どんな「線」のこと?

本来は、琴の糸のこと。「琴線に触れる」は、「琴線」を感情にたとえて、感銘を受けるという意味。

□喝采〔かっさい〕……「喝」と「采」、それぞれの意味は?

大きな声でほめること。「喝」は大声で叫ぶ、「采」はサイコロの目のことで、「喝采」のもとの意味は、サイコロの目を大声で読み上げること。そこから、今の意味が生じた。「喝采を送る」「やんやの喝采」など。

□暗誦〔あんしょう〕……「誦」の意味は？
暗記していることを、口に出してとなえること。「誦える」で「となえる」、「誦む」で「よむ」と読む。「聖書の一節を暗誦する」など。

□奇矯〔ききょう〕……この「矯」の意味は？
突飛で変わっていること。普通ではない言動をすること。この「矯」は「はげしい」という意味。「奇矯な振る舞い」「奇矯な人物」など。

□介錯〔かいしゃく〕……この「介」は「たすける」という意味
切腹する人の首を斬り落とすこと。「介ける」で「たすける」と読む。自分で腹を切るだけでは、なかなか死ねないため、“助け”を必要とした。

□諜報〔ちょうほう〕……「諜」って、どういう意味？
情報をさぐって知らせるスパイ活動のこと。「諜」には様子をさぐる、という意味があり、「諜う」で「うかがう」と読む。「諜報網を築く」「秘密諜報員」など。

□狼藉〔ろうぜき〕……この「藉」には、どんな意味がある？

乱暴なふるまい。「藉く」で「しく」、「藉む」で「ふむ」と読み、「狼が草を藉《し》いて寝たあと」の様子から、もとは乱雑という意味。そこから、乱暴という意味が生じ、「狼藉に及ぶ」「乱暴狼藉を働く」などと使う。

□詠嘆〔えいたん〕……「詠」の意味は？

思わず声に出して、感心すること。「詠う」で「うたう」、「詠む」で「よむ」と読み、「詠嘆」ももとは声を長く引いて歌うことだった。「美しさに詠嘆の声をあげる」など。

□煩悩〔ぼんのう〕……「煩」って、どういう意味？

人を悩ませる欲望。仏教では、百八あるとされる。「煩う」で「わずらう」と読む。「煩悩を断つ」など。

□**紊乱〔びんらん〕**……「紊」の意味は？
秩序や風紀が乱れること。「紊れる」で「みだれる」と読む。本来は「ぶんらん」だが、「びんらん」という読み方が慣用化している。「風紀を紊乱している」など。

□**攪乱〔かくらん〕**……「攪」の意味は？
かき乱すこと。「攪す」で「乱す」と同様、「みだす」と読む。なお、「かくらん」は慣用読みで、本来は「こうらん」と読む。「敵陣を攪乱する」「攪乱要因」など。

□**諫言〔かんげん〕**……「諫」って、どういう意味？
目上に忠告すること。「諫める」で「いさめる」と読む。「上司に諫言するのは難しいものだ」などと使う。

□**膠着〔こうちゃく〕**……「膠」って、何のこと？
固定して、動かない状態。「膠」一字で「にかわ」と読み、動物の軟骨などを水で煮て乾燥させ、接着剤などとして使うもののこと。「膠着」は、その「にかわ」でくっつけたような状態を指し、「膠着状態に陥る」などと使う。

2　ちょっと難しい日本語でも、堂々と使ってみよう

◉迷わずに、自信を持って使えますか

□**曖昧**〔あいまい〕……「曖」と「昧」、それぞれの意味は？

はっきりしないさま。怪しくて、うたがわしいこと。「曖い」も「昧い」も「くらい」と読む。「曖昧な返事を寄越す」「曖昧模糊とした状態」など。

□**衷心**〔ちゅうしん〕……「衷」って何のこと？

心の中、心の底。「衷」には「うち」の他、「まごころ」という訓読みもある。「衷心より、ご冥福をお祈り申し上げます」などと使う。

□怨嗟〔えんさ〕……「嗟」って、どういう意味？

うらみ、嘆くこと。「嗟く」で「なげく」と読む。なお、「怨」は熟語によって読み方が違う漢字で、「怨恨」は「えんこん」、「怨念」は「おんねん」と読む。

□仄聞〔そくぶん〕……「仄」って、どういう意味？

ちょっと耳にすること。「仄か」で「ほのか」と読む。「仄聞した話なのですが」などと使う。

□等閑〔とうかん、なおざり〕……この「閑」の意味は？

物事をいいかげんにすること。この「閑」には注意を払わないという意味があり、「等閑に付す」は、いいかげんにして放っておくこと。

□口吻〔こうふん〕……「吻」の意味は？

口ぶり。言葉のはしばし。「吻」には「くちさき」という訓読みがあり、くちぶりという意味。「口吻をもらす」は、言葉のはしばしに内心の思いが表れるさま。

□**措辞〔そじ〕**……この「措」の意味は？

言葉の使い方。とくに、詩などの韻文の言葉の配置を意味する。「措く」で「おく」と読む。「措辞に苦心する」「見事な措辞」など。

□**奈辺〔なへん〕**……この「奈」の意味は？

どのへん、どのあたり。「奈」は、「いかん」「なんぞ」という意味でも使う漢字で、「問題は奈辺にありや」というと、「問題はどこにあるのか」という意味になる。「那辺」とも書く。

□**概括〔がいかつ〕**……「概」と「括」、それぞれの意味は？

要点をまとめること。「概」はおおむね、「括」はまとめるという意味。「概括的に申し上げますと」「長文のレポートを概括する」などと使う。

□**因循〔いんじゅん〕**……「循」って、どういう意味？

古い習慣などにより従い、改めようとしないこと。「因る」で「よる」、「循う」で「したがう」と読む。「因循姑息」「因循な態度に終始する」などと使う。

□**至言〔しげん〕**……この「至」の意味は？

それ以上ないくらいの名言。この「至」は、「至高」「至上」などと使うように、それ以上ないという意味。「けだし至言ですね」など。

□**蕩尽〔とうじん〕**……「蕩」の意味は？

すっかり使い果たすこと。この「蕩」は、とかすという意味がある。「親の遺産を蕩尽する」などと使う。

◉きちんと、胸を張って使えますか

□**陶冶〔とうや〕**……「冶」と「治」は、読み方も意味も違う漢字

人の性質や能力を育て上げること。「陶」は焼き物をつくること、「冶」は「冶る」で「いる」と読み、金属を溶かし、金物をつくること。「人格を陶冶する」など。「とうじ」と読まないように。

□訥弁〔とつべん〕……この「訥」の意味は？

なめらかではない下手な話し方。「訥」には「訥々と語る」などと使うように、口ごもるという意味がある。「訥弁がかえって真実味を増している」などと使う。

□逐語〔ちくご〕……「逐」って、どういう意味？

ひとつひとつの言葉を順番に。「逐語訳」は、文の一語一語を忠実にたどった翻訳。「逐う」で「おう」と読み、「逐」には順を追うという意味がある。「逐語検索」など。

□几下〔きか〕……この「几」は「つくえ」という意味

手紙で、宛て名に添えて書く言葉。相手への敬意を表して、「○○先生几下」のように使う。この「几」は「つくえ」という意味。他に「几」は、脇息《きょうそく》（ひじかけのこと）やものをのせる台という意味でも使われる漢字。

□親炙〔しんしゃ〕……この「炙」の意味は？

親しみ、影響を受けること。「炙」は、「炙る」で「あぶる」と読み、肉を火であぶることだが、親しみ近づくという意味にも使う。「碩学《せきがく》に親炙する」など。

□**夾雑〔きょうざつ〕**……「夾」の意味は？
よけいなものが混じりこむこと。「夾む」で「はさむ」と読む。「夾雑物を取り除く」など。

□**狭窄〔きょうさく〕**……「窄」の意味は？
狭く、すぼまっていること。「窄まる」で「すぼまる」と読む。「視野狭窄に陥る」などと使う。

□**月旦〔げったん〕**……この「旦」は、どういう意味？
いろいろな人物を論評すること。「旦」は、その月の最初の日。昔、中国で、毎月一日に人物評の会が開かれたことに由来する語。「現代の経営者について月旦する」など。

□**雄渾〔ゆうこん〕**……「渾」の意味は？
雄大で、よどみがないさま。「渾」はいろいろな意味を持つ漢字で、この「渾」

は「水が渾々と流れる」などというときの「渾」。「雄渾な筆致」「雄渾な作品」などと使う。他に、「渾る」で「にごる」、「渾」一字で「すべて」と訓読みする。「渾身」（身体全体）の「渾」は、その「すべて」という意味で、「渾身の力を振り絞る」などと用いる。

◉知らなかった言葉でも、簡単に覚えられる

□**吃水**〔きっすい〕……この「吃」の意味は？

船体の水中に沈んでいる部分の深さ。「吃水線」は、船が水面と接している線。「吃」には「（水を）のむ」という意味がある。

□**劫火**〔ごうか〕……「劫」の意味は？

仏教用語で、世界が滅びるときに、この世を焼き尽くしてしまうとされる大火のこと。「こうか」とも読む。「劫かす」で「おびやかす」と読む。「劫火に焼かれる」など。

□**浚渫〔しゅんせつ〕**……「浚」と「渫」、それぞれの意味は?
海底や河川の土砂を掘ること。「浚う」「渫う」ともに「さらう」と読む。「港内を浚渫する」「浚渫船」など。

□**逗留〔とうりゅう〕**……「逗」の意味は?
旅先などで、一か所に長くとどまっていること。「逗まる」で「留まる」と同様、「とどまる」と読む。「箱根にしばらく逗留する」「思いがけず、長逗留になった」などと使う。

□**縊死〔いし〕**……「縊」の意味は?
自分で首をくくって死ぬこと。「縊る」で「くびる」と読む。脳溢血の「溢」と混同しないように。「溢」は「溢れる」で「あふれる」と読み、「溢血」は体の組織から出血すること。

□**瀟洒〔しょうしゃ〕**……「瀟」と「洒」、それぞれの意味は?
すっきりしていて、あかぬけたさま。「瀟」には「きよい」という意味があり、

「洒う」で「あらう」と読む。「瀟洒なたたずまい」「瀟洒な別荘地」などと使う。

□**僻目〈ひがめ〉**……「僻」の意味は？

偏見。悪意のある見方。「僻」には、かたよる、ひがむ、あやまちなどの意味があり、正当ではないことを意味する。「私の僻目かもしれませんが」などと用いる。

◉そもそも、声に出して読めますか

□**秤量〈ひょうりょう、しょうりょう〉**……「秤」の意味は？

秤《はかり》で、目方を量ること。「秤」の音読みは「しょう」で、本来は「しょうりょう」と読むが、今は慣用読みの「ひょうりょう」で定着。

□**狷介〈けんかい〉**……「狷」って、どういう意味？

頑固な性格で、人と折り合わないこと。「狷介な性格」など。「狷」には「心が狭い」、この「介」には「かたい」という意味がある。

□**尤物〔ゆうぶつ〕**……この「尤」の意味は？

多くの中ですぐれたもの。「尤」には、かけはなれている、最もすぐれているという意味がある。「彼は、なかなかの尤物ですよ」などと使う。

□**沖天〔ちゅうてん〕**……「沖」って、どういう意味？

天高くのぼること。「沖」には「おき」の他に、高くあがるという意味がある。「意気沖天」は、意気がひじょうに高いこと。

□**洗滌〔せんじょう〕**……「滌う」も「あらう」と読む

洗うこと。「滌う」も「洗う」と同じように、「あらう」と読む。なお、「洗滌」は本来は「せんでき」と読むが、「せんじょう」という誤読が慣用化し、今ではこちらで定着。

□**白皙〔はくせき〕**……「皙」の意味は？

肌の色がひじょうに白い様子。「皙」の訓読みは「しろ」。女性ではなく、おもに色白の美青年の形容に使う熟語。「白皙の美青年」など。

□**践祚〔せんそ〕**……「祚」には、どんな意味がある？

天子の位を引き継ぐこと。「祚」は、もとは「さいわい」という意味だったが、後に「位」という意味が生じた。他に、「重祚《ちょうそ》」は、一度退いた帝がもう一度帝位につくこと。

□**震盪〔しんとう〕**……「盪」の意味は？

激しく揺れ動くこと。「盪く」で「うごく」と読む。今は、おもに「脳震盪」という形で使う熟語。

□**遺墨〔いぼく〕**……「遺筆」とどう違う？

亡くなった人が、生前に書き遺《のこ》していた書や画。「遺墨展」など。なお、「遺筆」は生前に書き遺していた未発表の文章のこと。

□**嫋々〔じょうじょう〕**……「嫋」の意味は？

女性がしなやかで美しいさま。あるいは、風がそよそよと吹くさまなど、多義的に使う言葉。「嫋々たる美人」「余韻嫋々」など。「嫋やか」で「たおやか」と読む。

□頓首〔とんしゅ〕……手紙の終わりにこう書くのは？

手紙の最後に書く言葉。「頓く」で「ぬかずく」と読み、「頓首」はもとは頭を地面に打ちつけるお辞儀のこと。「三拝九拝」という言葉があるが、その「九拝」（九種類の拝礼）の一つが、この「頓首」。

□芬々〔ふんぷん〕……香りの高いさま

「芬」には、かおり、かおる、という意味がある。「芬々たる花の香」などと使う。「ぷんぷん」とは違う言葉なので注意。なお、フィンランドは漢字では「芬蘭」と書く。

第5章

これなら一生忘れない「慣用句」「四字熟語」の覚え方

言葉のなかでも、とりわけ正確に使いたいのは、成句や四字熟語です。使うと目立つ言葉だけに、誤用すると、いよいよ悪目立ちすることになってしまいます。

成句などを正しく使う近道は、その語中の「漢字」や「熟語」の意味を正しく把握すること。たとえば、「無聊をかこつ」は「聊」の意味をおさえていれば、間違った意味に使うことはありません。「人口に膾炙する」も「膾」と「炙」の意味を知っていれば、実感をもって使えるはず。

本章には、そうした〝漢字と熟語〟の意味を知っておきたい成句をまとめました。正確な意味を知って、正しい使い方をマスターしていただければと思います。

1　慣用句は、こう考えればよくわかる

◉意味でおさえる慣用句〈基本編〉

□**途轍もない〔とてつ〕**……「途轍」の意味は？

並外《はず》れていること。「途轍」の「途」は「みち」、「轍」は「わだち」（道に残る車輪の跡）と訓読みする。「途轍もない」は、その「途轍」からはずれることであり、普通ではないという意味。

□**檄を飛《と》ばす〔げき〕**……「檄」の意味は？

「檄」一字で「ふれぶみ」という訓読みがあり、人々に決起を促すための文書のこと。「檄を飛ばす」は、自分の主張を人々に知らせ、それにより決起を促すこと。

単に、激励するという意味ではない。

□無聊をかこつ〔ぶりょう〕……この「聊」の意味は？
退屈を持て余すこと。「聊」には本来「楽しむ」という意味があり、「無聊」は楽しいことが無くて退屈で困る様子。「聊」に「いささか」という意味が生じたのは、後のこと。

□舌鋒鋭《するど》く〔ぜっぽう〕……「鋒」って、何のこと？
容赦のない言葉で、指摘、攻撃するさま。「舌鋒」の「鋒」には「ほこ」「ほこさき」という訓読みがある。「舌鋒鋭く迫る」など。

□座右の銘〔ざゆうのめい〕……この「銘」の意味は？
「座右」とは、座っているところのすぐそば。「座右の銘」は、座席のすぐそばに刻みつけて、忘れないようにしている言葉という意味である。「銘す」で「しるす」と読む。

□灰燼に帰《き》す〔かいじん〕……「燼」の意味は?
すべてが失われること。「燼」には「もえのこり」という訓読みがあり、焼けたあとの燃えカスのこと。「空襲で、東京の街は灰燼に帰した」など。

□惻隠の情《じょう》〔そくいん〕……「惻」の意味は?
「惻む」で「いたむ」と読み、「惻隠の情」はかわいそうに思う気持ち。「君には惻隠の情ってものがないのかね」などと使う。

□溜飲が下《さ》がる〔りゅういん〕……「溜飲」って、何のこと?
今まで抱いていた不平やわだかまりが、一気になくなること。「溜飲」は、胸焼け、げっぷが出るような状態のこと。「溜飲が下がる」は、それが下がるように、気持ちが晴れること。

□縷々述《の》べる〔るる〕……「縷」って、どういう意味?
こまごまと話すこと。「縷」には「いと」という訓読みがあり、「縷々」はその糸のように、細く長く続くこと。そこから、「こまごまと」という意味が生じた。

「縷々申し上げます」など。

◉意味でおさえる慣用句〈ハイレベル編〉

□**人口《じんこう》に膾炙する**〔かいしゃ〕……「膾」「炙」、それぞれの意味は？

世間の人々の話題になること。「膾」はなます、「炙」は炙り肉のことで、多くの人の口に合うことから、大勢の人々の口の端にのぼるという意味になった。

□**烏有に帰《き》す**〔うゆう〕……なぜ「烏」が出てくる？

この「烏」はカラスのことではなく、「烏有」で「いずくんぞ有らんや」と読み下し、「どうしてあるだろうか、いやない」という意味。「烏有に帰す」は、すべてがなくなることで、「長年の努力が烏有に帰す」などと使う。

□**膏血を絞《しぼ》る**〔こうけつ〕……「膏血」の意味は？

「膏」は「あぶら」と訓読みし、「膏血」は「あぶらと血」のこと。そこから、「膏血」は、苦労して得た財産を意味する。「膏血を絞る」は、その財産を搾《しぼ》り取るように、重税をかけること。

□干戈を交《まじ》える〔かんか〕……「干」と「戈」の意味は？

「干」は楯《たて》、「戈」はほこのことで、「干戈」は戦争、「干戈を交える」は戦争することを意味する。「かつて干戈を交えた両国」などと用いる。

□驥尾に付《ふ》す〔きび〕……「驥尾」とは、何の尾っぽ？

「驥尾」は駿馬の尾のことで、「驥尾に付す」は、後進の者がすぐれた先達《せんだち》に従って事を成し遂げるという意味。「私など、先輩の驥尾に付してきただけのことです」などと、今ではもっぱら謙遜するときに用いる成句。

□門前雀羅を張《は》る〔もんぜんじゃくら〕……「雀羅」って、どんなもの？

ひっそりしていること。前述したように、「羅」には「あみ」という訓読みがあり、門前で雀を捕るための「あみ」を張れるほどに、人がいないという意味。「門前市を成す」（出入りする者が多いさま）とは180度意味が違う言葉なので、混同しないように注意。

□妍を競《きそ》う〔けん〕……「妍」の意味は？

「妍しい」で「うつくしい」と読み、「妍を競う」は、おもに女性たちが競うように美しいさまを表す言葉。

□危殆に瀕《ひん》する〔きたい〕……「危殆」の意味は？

「危うい」も「殆うい」も「あやうい」と読み、「危殆に瀕する」は、ひじょうに危険な状態に陥ること。「いまやわが社の経営は危殆に瀕している」などと使う。

□謦咳に接《せっ》する〔けいがい〕……「謦」と「咳」、それぞれの意味は？

直接、話を聞くこと。「謦」は「しわぶき」、「咳」は「せき」と訓読みし、せきが届くほどに近いところで、という意味。「碩学の謦咳に接する」など。

□糟粕をなめる〔そうはく〕……「糟粕」の意味は？

「糟」も「粕」も「かす」と訓読みし、「糟粕」は酒のかすのこと。そこから、精神の抜けたものを表し、「糟粕をなめる」は先人を真似るばかりで、進歩がみられないさま。「先人の糟粕をなめたような作品」などと使う。

□**前車の轍を踏《ふ》む〔ぜんしゃのてつ〕**……「前車の轍」の意味は？

「轍」は車のわだちのことで、「前車の轍を踏む」は、前をゆく車の轍を踏むように、前の人と同じ失敗を繰り返すこと。

◉その「成句」の成り立ちはなんだろう？

□**滔天の勢《いきお》い〔とうてん〕**……「滔天」とは、どういう意味？

「滔天」は天に達するほどという意味で、「滔天の勢い」は勢いがひじょうに盛んなことのたとえ。「滔天の勢いで、敵に迫る」など。なお、「滔る」で「はびこる」と読む。

□**塗炭の苦《くる》しみ〔とたん〕**……「塗炭」の意味は？

「塗炭」は泥と火という意味で、「塗炭の苦しみ」は、泥にまみれて火に焼かれるような、たいへんな苦しみのこと。「今回の一件では、塗炭の苦しみを味わいました」などと使う。

□**肯綮に中《あた》る**〔**こうけい**〕……「肯綮」の意味は？

「肯」は肉、「綮」は筋と肉のつなぎ目。そこから「肯綮」は物事の急所という意味。「肯綮に中る」は、その急所をつくこと、要点を押さえること。

□**髀肉の嘆《たん》**〔**ひにく**〕……「髀肉」って、どこの肉？

「髀」一字で「もも」と読み、「髀肉」はももについた（無駄な）肉。中国の三国時代、劉備が長らく戦場に出る（馬に乗る）機会がなく、ももに無駄な肉がついたことを嘆いたことから、「髀肉の嘆」は、活躍する機会がないことへの嘆きを意味する。

□**揺籃の地《ち》**〔**ようらん**〕……「揺籃」って、何のこと？

事業などが生まれ、発展した土地。「籃」は「かご」と訓読みし、「揺籃」は、赤ん坊を入れるゆりかごのこと。

□万乗の君《きみ》**〈ばんじょう〉**……「万乗」の意味は？

天子を表す言葉。この「乗」は兵車のことで、昔、天子の領内には、一万台もの兵車が備えられていたという話から。

□甘露の雨《あめ》**〈かんろ〉**……「甘露」の意味は？

草木をうるおす雨。恵みの雨。「甘露」は、古代中国で、君主が善政をしく前兆として天から降るとされた甘い露のこと。「甘露の雨に恵まれる」など。

□華燭の典《てん》**〈かしょく〉**……「華燭」って、どんなもの？

結婚式の美称。「燭」には「ともしび」という訓読みがあり、「華燭」は華やかな灯火のこと。

□奇貨居くべし〈きかおくべし〉……「奇貨」の意味は？

利用できる珍しい宝（奇貨）を発見したのだから、うまく利用しない手はないという意味。『史記』の故事に由来。「奇しい」でふつうは「あやしい」と読むが、「めずらしい」とも読み、この成句では後者の意味。「貨」には「たから」という訓読みがある。

□自家薬籠中の物《もの》〔じかやくろうちゅう〕……「薬籠」って、どんなかご？

「薬籠」は薬箱のことで、「自家薬籠中の物」は、まるで自分の薬箱の中にある薬のように、必要に応じて思い通りに使える物のこと。「高等数学を自家薬籠中の物とする」などと使う。

□咳唾珠《たま》を成《な》す〔がいだ〕……「咳唾」って、何のこと？

ふと口をついて出た言葉が、そのまま名文であるほどに、文章の才能にあふれていること。「咳唾」はせきとつばという意味で、それが「珠」のような文章を生み出すという意味。

□殷鑑遠《とお》からず〔いんかん〕……「殷鑑」って、どういう意味？

失敗の前例は身近なところにあるから、手本にせよ、という戒めの言葉。中国の古代、夏《か》は殷に滅ぼされ、その殷は周に滅ぼされた。殷が「鑑」（手本のこと）とすべきものは、遠い時代ではなく、自らが滅した前代の夏にあったという意味。

□沐猴にして冠す〔**もっこうにしてかんす**〕……「沐猴」って、どういう意味？

「沐猴」は、猿のこと。猿に冠をかぶせても無意味であるように、中身が伴わない小人物が外見を飾っても、意味がないことのたとえ。

□九仞の功を一簣に虧く〔**きゅうじんのこうをいっきにかく**〕……「九仞」の意味は？

「仞」は中国古代の高さの単位で、一仞＝七尺説が有力。「九仞」は、ここでは高い山のこと。高い山を築くとき、最後の一杯の土が欠けても完成しない。そこから、「九仞の功を一簣に虧く」は、長い間努力を払っても、最後の小さなミスで完成しないこと。

□豎子ともに謀《はか》**るに足**《た》**らず**〔**じゅし**〕……「豎子」って、どんな人？

小人物とは謀議できないという意味。中国古代、項羽の浅慮を罵った軍師の言葉。「豎」には元服前のこどもという意味がある。そこから、「豎子」は日本語の「若造」に相当する、人を蔑んでいう言葉。

□**正鵠を失《うしな》わず〔せいこく〕**……この「鵠」の意味は？
要点を得ていることや、物事が狙い通りにうまく行くこと。「鵠」は、もとは白鳥やコウノトリを表す漢字で、後に的の真ん中の黒ぼしを意味するようになった漢字。

□**王佐の才《さい》〔おうさ〕**……「王佐」って、どういう意味？
王を補佐するのにふさわしいほどの才能。「佐ける」で「たすける」と読む。「彼には、王佐の才がある」など。

□**轍鮒の急《きゅう》〔てっぷ〕**……「轍鮒」って、どういう意味？
「轍鮒」は、車の轍《わだち》にできた水溜りの中にいる鮒《ふな》のこと。「轍鮒の急」は、そんな鮒のように、命の危険が迫っている状態。

□**股肱の臣《しん》〔ここう〕**……「股」と「肱」、それぞれの意味は？
頼りになる部下。腹心。「股」はもも、「肱」はひじを表し、手足のように使える家臣という意味。「股肱の臣といってもいい存在」などと用いる。

□藁苞に国傾く〔わらづとにくにかたむく〕……「藁苞」って、何のこと？

賄賂が横行して、国が傾くことをいう。「藁苞」は、藁でつくった入れ物のことで、その中に入れる賄賂の代名詞として使われる言葉。

◉とにかく読み間違いに要注意の成句

□病《やまい》膏肓に入《い》る〔こうこう〕……「もう」と読むか、「こう」と読むか？

「膏」は心臓の下、「肓」は横隔膜の上で、病気がその部分に入ると難治であることから、「病膏肓に入る」は、物事に熱中し過ぎて手がつけられないという意。「肓」は「こう」と読み、膏肓を「こうもう」と読むのは間違い。

□金の草鞋で尋ねる〔かねのわらじでたずねる〕……「かね」？　それとも「きん」？

この「金」は「かね」と読む。意味は、金（鉄製）の草鞋なら、いくら歩いてもすりきれないことから、根気よくほうぼうをめぐって探すさま。

□**緒に就く**〔**しょにつく**〕……「ちょ」と読むか、「しょ」と読むか？

「しょ」と読む。意味は、物事が始まって軌道に乗りはじめ、見通しがつくこと。前述したように、「緒」には「いとぐち」という訓読みがある。

□**泥の如**《ごと》**し**〔**でい**〕……「どろ」と読むか、「でい」と読むか？

「でい」と読む。意味は、酔って正体のなくなったさま。この「泥」は、昔、中国で南海にいるとされた虫のこと。骨がなく、水気を失うと「どろ」のようになってしまうという。

□**刀下の鬼となる**〔**とうかのきとなる**〕……「おに」と読むか、「き」と読むか？

「き」と読む。意味は、刀で斬られて死ぬこと。この「鬼」は魂という意味。

□**君子**《くんし》**は器ならず**〔**き**〕……「うつわ」と読むか、「き」と読むか？

「き」と読む。意味は、君子は一つの用にしか役立たない「器」のようなものではなく、どんなことにも対応できるという意味。

2 四字熟語は、こう考えればよくわかる

◉四つの漢字を分けて整理する〈基本編〉

□意気投合〔いきとうごう〕……「投合」って、どういう意味？

互いの気持ち・考えが一致し、親しくなること。「投合」は、二つのものがぴったり合う、という意味。「初対面なのに、すっかり意気投合する」など。

□有耶無耶〔うやむや〕……この「耶」の意味は？

あいまいなこと。「耶」は疑問を投げかける助字で、「か」あるいは「や」と読む。「あるんだかないんだか」という意味。

□**紆余曲折〔うよきょくせつ〕**……「紆余」の意味は？

「紆がる」で「まがる」と読み、「紆余」はうねり曲がること。「曲折」は折れ曲がること。合わせて、「紆余曲折」は、さまざまな変化やこみいった経緯があること。「紆余曲折を経て、現在に至る」など。

□**牽強付会〔けんきょうふかい〕**……「牽強」と「付会」、それぞれの意味は？

「牽強」も「付会」も、こじつけるという意味で、「牽強付会」は、自分の都合のいいように理屈をこじつけること。「いくらなんでも、牽強付会に過ぎるようですね」など。

□**乾坤一擲〔けんこんいってき〕**……「乾坤」の意味は？

運命をかけるような大勝負に出ること。「乾」は天で「坤」は地のこと。「一擲」はサイコロを投げて賭けるという意味。「乾坤一擲の大勝負に出る」などと使う。

□**森羅万象〔しんらばんしょう〕**……「森羅」って、どういう意味？

宇宙に存在するすべてのものや現象。「森羅」は、樹木が限りなく茂ることから、無限にあること。「万象」は、すべての形あるものや現象。

□**荒唐無稽**〔こうとうむけい〕……「荒唐」と「無稽」、それぞれの意味は?

「荒唐」はおおげさな話。「稽える」で「考える」と読み、「無稽」は考えられないこと。合わせて、「荒唐無稽」は、まるで根拠のない、とりとめのない話。

□**揣摩臆測**〔しまおくそく〕……「揣摩」ってどういう意味?

「揣る」で「はかる」と読み、「揣摩」は当て推量のこと。「臆測」も同様の意味。そこから、「揣摩臆測」は、事情や人の気持ちを当て推量で思いはかること。「揣摩臆測で物をいうものではない」などと使う。

□**切歯扼腕**〔せっしやくわん〕……「切歯」「扼腕」、それぞれどうすること?

「切歯」は歯ぎしり、「扼える」で「おさえる」と読み、「扼腕」は自分の腕をつかむこと。「切歯扼腕」は、それほどに怒ったり、悔しがったりすること。「切歯扼腕して悔しがる」など。

□自家撞着〔じかどうちゃく〕……「撞着」って、どういう意味？

「撞く」で「つく」と読み、「撞着」は突き当たるという意味。「自家撞着」は、自らの論理が行き詰まったり、矛盾したりするさまを表す。「自家撞着に陥る」など。

□精励恪勤〔せいれいかっきん〕……「恪勤」って、どういう意味？

「精励」は仕事に励むこと、「恪勤」は「恪む」で「つつしむ」と読み、誠実に勤めること。合わせて、「精励恪勤」は、勤勉かつ誠実に仕事に励むさま。

□率先垂範〔そっせんすいはん〕……「垂範」って、どうすること？

「率先」は自ら先頭に立って行動するさま、「垂範」は手本を示すさま。「社長自ら率先垂範して職務にあたる」などと使う。漢の丞相・周勃《しゅうぼつ》が率先して、皇帝の命令に従ったという『史記』の故事に由来する言葉。

□多士済済〔たしせいせい〕……「済済」って、どういう意味？

「多士」は数多くの優秀な人材、「済済」は数が多く、盛んなさま。そこから、「多士済済」は、すぐれた人材が多数そろっていること。「たしさいさい」とも読むが、本来は「たしせいせい」。

□談論風発〔だんろんふうはつ〕……「風発」って、どうなること？

「談論」は談話と議論、「風発」は風が勢いよく吹くさま。合わせて、「談論風発」は議論が活発に行われること。

□遅疑逡巡〔ちぎしゅんじゅん〕……「遅疑」ってどういう意味？

「遅疑」は、疑い迷って、決行しないこと。「逡巡」は、ためらい迷うこと。合わせて「遅疑逡巡」は、物事や判断にぐずぐずと迷い、実行に移さないこと。「遅疑逡巡の末、チャンスを逸する」など。

□魑魅魍魎〔ちみもうりょう〕……この四つの漢字、それぞれの意味は？

さまざまな化け物のこと。「魑」には「すだま」という訓読みがある。「魑」は虎の形をした山神、「魅」は猪の頭の沢神、「魍魎」は水の神、山川の精を表す。「魑魅魍魎が跋扈《ばっこ》する」「魑魅魍魎の巣窟《そうくつ》」などと使う。

□電光石火〔でんこうせっか〕……この「石」の意味は？

この「電光」は稲妻を意味し、「石火」は火打ち石を打つときに出る火。いずれも、すぐに現れ、すぐに消えることから、ひじょうに短い時間のたとえ。「電光石火」は行動などが迅速なさまを意味し、「電光石火の先制攻撃」などと使う。

□天網恢々〔てんもうかいかい〕……「恢々」って、どういう意味？

「恢い」で「ひろい」と読み、「恢々」は広く大きいという意味。「天網恢々疎にして漏らさず」は、天が張りめぐらせた網は、目が大きいようでも、悪人を取り逃がすことはないという意味。

□不撓不屈〔ふとうふくつ〕……「不撓」ってどういう意味？

「撓」は「たわむこと」、「屈」は「くじけること」で、「不撓不屈」はその否定形。どんな困難にも負けない姿勢を表す。「不撓不屈の精神で、大事業に挑む」など。

□八面六臂〔はちめんろっぴ〕……「臂」の意味は？

「臂」は「ひじ」と訓読みし、腕を意味する。「八面六臂」は、もとは八つの顔と六本の腕を持つ仏像のこと。そこから転じて、多方面で華々しく活躍するさま。「八面六臂の活躍を繰り広げる」などと使う。

□明眸皓歯〔めいぼうこうし〕……「明眸」と「皓歯」ってどういう意味?

「眸」は「ひとみ」と訓読みし、「明眸」は目もとが美しいこと。「皓い」で「しろい」と読み、「皓歯」は歯が白く美しいこと。合わせて、「明眸皓歯」は美貌を表す言葉で、おもに美しい女性に用いる。

□容貌魁偉〔ようぼうかいい〕……「魁偉」って、どういう意味?

「魁偉」は体が大きく、堂々としているさま。「容貌魁偉」は、顔立ちや体格がたくましく、立派であるさま。「醜い」という意味ではないので注意。

□余裕綽々〔よゆうしゃくしゃく〕……「綽々」の意味は?

「綽やか」で「ゆるやか」、あるいは「しなやか」と読み、「綽」はゆとりのあるさまを表す漢字。「余裕綽々」は、落ち着き払って、悠然としているさま。「余裕綽々とした態度」など。

□曲学阿世〔きょくがくあせい〕……「曲学」と「阿世」、それぞれの意味は？
「曲学」は真理から外れた学問。「阿る」で「おもねる」と読む。「曲学阿世」で、学問の真理から外れ、世におもねること。

□毀誉褒貶〔きよほうへん〕……「毀誉」「褒貶」、それぞれの意味は？
「毀」と「貶」はそしること、「誉」と「褒」はほめること。そこから、「毀誉褒貶」は非難と称賛を意味する。「毀誉褒貶半ばする政策判断」などと使う。

□右顧左眄〔うこさべん〕……「眄」って、どういう意味？
人の思惑を気にし、決断しないさま。「眄」には流し目という意味があり、「右顧左眄」は右をふりむき、左を流し目で見るという意味。「右顧左眄するばかりで、何もできない」など。

□一瀉千里〔いっしゃせんり〕……「一瀉」って、どういう意味？
物事がひじょうに速く進むことのたとえ。「瀉ぐ」で「そそぐ」と読み、「瀉」には水が流れるという意味がある。「一瀉千里」は、流れ出した川の水が、たちまち千里の距離を流れ下るほどの勢いという意。「一瀉千里の勢いで攻めかかる」など。

◉四つの漢字を分けて整理する〈ハイレベル編〉

□一味同心〔いちみどうしん〕……この「一味」の意味は？

同じ目的に向かって、心を一つにして、力を合わせること。「一味」は、もとは仏教語で、仏の説く内容は異なるように見えても、その主旨は一つという意味。そこから、志を同じにする者という意味が生じた。

□韋編三絶〔いへんさんぜつ〕……「韋編」って、どういう意味？

「韋編」（竹簡を綴じる紐）が三度も切れるくらいに、熱心に読書するという意味。孔子が『易経』をそれくらい熱心に読み込んだという故事に由来すると伝わる。なお、「韋」には「なめしがわ」、「編」には「とじいと」という訓読みがある。

□雲心月性〔うんしんげっせい〕……「雲心」って、どういう意味？

「雲心」は雲の心、「月性」は月の本性という意味。その雲や月が名利を求めないように、名誉や利益を求める気持ちがないさま。

□厭離穢土〔おんりえど〕……「厭離」と「穢土」、それぞれの意味は？

「穢土」は、煩悩に穢《けが》れたこの世のことで、「厭離」は、厭《いと》い、離れること。徳川家康が旗印にしたことで有名な言葉。

□汗牛充棟〔かんぎゅうじゅうとう〕……「充棟」って、どういう意味？

蔵書がひじょうに多いさま。牛に運ばせると、牛が汗をかくほどに重く、積み上げると、家の「棟《むね》（屋根の最も高い部分）」に届くほどの量であるという意味。

□苛斂誅求〔かれんちゅうきゅう〕……「苛斂」と「誅求」、それぞれの意味は？

税金や借金などを情け容赦なく取り立てること。「誅」には「責める」、「斂」には「取り上げる」という意味がある。「苛斂誅求が厳しい」など。

□結跏趺坐〔けっかふざ〕……「結跏」「趺坐」、それぞれの意味は？

座禅に用いる座り方。両足の甲を反対側の足の股の上に乗せる座り方。「跏」は足の裏、「趺」は足の甲のことで、足の裏表を〝結んで坐る〟という意味。

□**拳拳服膺〔けんけんふくよう〕**……「拳拳」の意味は？

相手の言葉などを心にとどめ、忘れないこと。「拳拳」は固く握りしめ、離さないという意。「膺」は「むね」と訓読みし、「服膺」は胸に刻むこと。「ありがたいお言葉、拳拳服膺いたします」などと使う。

□**人心収攬〔じんしんしゅうらん〕**……この「攬」の意味は？

「攬る」で「とる」と読み、「攬」には手に握るという意味がある。「人心収攬」は、人の心を手中におさめようとすること。「人心収攬術に長《た》けている」などと使う。

□**断簡零墨〔だんかんれいぼく〕**……「断簡」と「零墨」、それぞれの意味は？

「断簡」は断ち切れた竹簡や木簡、「零墨」は細々とした墨で書いたもの。合わせて、「断簡零墨」は、切れ切れになった文章や文章の一部分という意味。「全集を編纂するため、断簡零墨まで集める」などと使う。

□**輾転反側〈てんてんはんそく〉**……「輾転」の意味は？

「輾」には「転」と同様、ころがるという意味があり、「輾転」も「反側」も、寝返りという意。「輾転反側」は、眠れなくて、何度も寝返りを打つこと。

□**博引旁証〈はくいんぼうしょう〉**……「博引」って、どういう意味？

「博く」で「ひろく」と読み、「博引」は博く例を引くこと。「旁証」は証拠を示すこと。合わせて、「博引旁証」は多くの例を引き、証拠を示して、論証すること。

□**不羈奔放〈ふきほんぽう〉**……「不羈」の意味は？

「羈ぐ」で「つなぐ」と読み、「羈」には、しばりつなぐという意味がある。「不羈」はその否定形で、「不羈奔放」は何事にもしばられることなく、自由にふるまうこと。

第6章

できる大人は、「モノ」「人」「場所」を新鮮な言葉で表現する

モノや人、場所を表す言葉にも、不思議な漢字が登場します。たとえば、「団扇」の「団」は何を意味しているのか？　むろん、「団体」や「集団」に使われるような、いつもの意味ではありません。「劇薬」の「劇」も、むろんドラマという意味ではありません。

そこで、この章では、〝意外な意味の漢字〟を含むモノや人、場所を表す言葉を集めました。その意外な意味を知って、漢字の奥深さをお楽しみください。

1　自分のボキャブラリーに加えたい――「モノ」を表す言葉

◉身のまわりのモノを漢字で書いてみよう〈初級編〉

□**原稿**〔げんこう〕……「稿」は「下書き」という意味

発表・印刷する前の文章や絵など。「稿」には、下書きという意味がある。「原稿の締め切り」「ボツ原稿」「原稿を棒読みする」など。

□**標的**〔ひょうてき〕……この「標」の意味は?

射撃などの的《まと》。そこから、狙う対象。「標」には「しるし」という訓読みがある。「標的を定める」など。

□戯曲〔ぎきょく〕……この「戯」の意味は？
演劇の台本。「戯れ」で「たわむれ」と読み、そこから、楽しむもの→演劇という意味が生じた。「シェイクスピアの戯曲」「戯曲家」など。

□胡椒〔こしょう〕……「胡」の字を使うのは？
香辛料の一つ。かつて、中国人は、中央アジアのことを「胡」と呼び、その方面から伝わったものに「胡」の字を冠した。「胡椒」もその一つ。

□雲丹〔うに〕……この「丹」の意味は？
軍艦巻きにして食べるウニ。身が「雲」のような形をしていて、「赤い（＝丹）」ことから、「雲丹」と書く。「丹」には「に」の他、「あか」という訓読みもある。

□面皰〔にきび〕……「皰」って、どういう意味？
顔の毛穴に、汚れがつまってできる出来物。「皰」一字でも「にきび」と読む。「面皰面の高校生」など。

□**餞別〔せんべつ〕**……「餞」って、どういう意味？
旅立つ人や転任する人に贈る金品。「餞」には「はなむけ」という訓読みがある。「転勤する人に餞別を贈る」など。

□**剥製〔はくせい〕**……「剥」って、どういう意味？
動物の内臓や肉を取り除いて、代わりに綿などを詰め、生きているときの形にしたもの。「剥ぐ」で「はぐ」、「剥く」で「むく」と読む。「パンダの剥製」など。

□**俎板〔まないた〕**……「俎」の意味は？
食材を切るときに使う板。「俎」一字だけでも「まないた」と読む。「俎板の上の鯉」など。

□**絨毯〔じゅうたん〕**……「絨」と「毯」、それぞれの意味は？
毛織物のカーペット。「絨」は地の厚い毛織物、「毯」は毛で織った敷物という意味。「魔法の絨毯」「絨毯爆撃」など。

□**睫毛〔まつげ〕**……「睫」って、どういう意味？

まぶたのふちから生える毛。「睫」一字でも「まつげ」と読む。「睫毛を読まれる」は、だまされること、あるいはみくびられること。

□**耕耘機〔こううんき〕**……「耘」って、どういう意味？

田畑の土を耕すための農業機械。「耘る」で「くさぎる」と読む。「耘」が常用漢字ではないため、今は「耕運機」と書くことが多い。

□**刺繍〔ししゅう〕**……「繍」って、どういう意味？

色つきの糸で、布地に模様や絵を縫い表したもの。「繍」には「ぬいとり」という訓読みがあり、衣や布に模様を施すという意味。「刺繍入りのハンカチ」など。

◉身のまわりのモノを漢字で書いてみよう〈ハイレベル編〉

□**方舟〔はこぶね〕**……「方」って、どういう意味？

四角い形（長方形）の舟。神の恩恵をうけて大洪水からのがれたという「ノアの方舟」など。この「方」には、長方形という意味がある。

□**装束**〔しょうぞく〕……この「束」の意味は？

衣服のこと。とくに、特別な場面で身につけるいでたちを指すことが多い。「束ねる」で「たばねる」と読み、この「束」は帯で結ぶという意味。「装束に凝る」「旅装束」「白装束」などと使う。

□**書翰**〔しょかん〕……「翰」って、どういう意味？

手紙。「翰」は、もともと「やまどり」を意味し、その羽で筆を作ったことから、後に「ふで」と訓読みするようになった。ただし、今は「書簡」と書くことが多い。

□**手簡**〔しゅかん〕……では、この「簡」の意味は？

自筆の手紙（書簡）のこと。「簡」には「ふだ」という訓読みがあり、もともとはものを書くのに使った「竹簡」を意味した。そこから、「ふみ」という意味が生じ、「書簡」などと使われるようになった。「簡単」など、「簡」という漢字に手軽という意味が生じたのは、さらに後のこと。

□**寸楮〔すんちょ〕**……この「楮」の意味は？

短い手紙。自分の手紙をへりくだって言うときに使う言葉。「楮」は樹木のコウゾのことで、紙の原料となることから、手紙の意で使われるようになった。

□**蛇蝎〔だかつ〕**……「蝎」の意味は？

人に嫌がられるものの象徴。「蝎」は「さそり」と訓読みし、「蛇蝎」は蛇とさそりのこと。「蛇蝎のごとく嫌われる」が定番の使い方。

□**仮寓〔かぐう〕**……「寓」の意味は？

仮の住まい。「寓せる」で「よせる」と読み、この熟語では「身をよせる」という意味で使われている。「叔父の家に仮寓する」などと使う。

□**寓話〔ぐうわ〕**……では、この「寓」の意味は？

教訓をたとえで語る話。「寓ける」で「かこつける」と読み、「寓」には何かにかこつけて語るという意味がある。「寓話的なストーリー」「イソップ寓話」など。

□**頌歌**〔しょうか〕……「頌」の意味は？

神の栄光や人の功績などをほめたたえる歌。「頌える」で「たたえる」と読む。ベートーヴェン作曲の『第九交響曲』も、頌歌の一つといえる。

□**坩堝**〔るつぼ〕……「坩」と「堝」、それぞれの意味は？

金属を高温で溶かす容器。「坩」には「つぼ」、「堝」には「るつぼ」という訓読みがある。「興奮の坩堝と化す」など。

□**叢書**〔そうしょ〕……「叢」の意味は？

今の日本の出版界では、同じ形式で編集し、シリーズで刊行する出版物のこと。もとは、さまざまな書物を集めてまとめたもの。「叢」には「くさむら」という訓読みがある。

□**稀覯本**〔きこうぼん〕……「覯」の意味は？

限定本や古書などで、世間ではあまり見かけない本のこと。「覯う」で「あう」

と読み、「覯」には、思いがけなくあうという意味がある。「稀覯本に高値がつく」など。

□筮竹〔ぜいちく〕……「筮」は「うらない」という意味

易者が占いで使う、竹製の細い棒。「筮う」で「うらなう」と読む。「易者が筮竹を振る」など。

□香盒〔こうごう〕……「盒」の意味は？

香道などで使う香木や香料を入れる器。今は「香合」と書くことが多い。「盒」の訓読みは、「ふたもの」と「さら」で、携帯用の炊飯具である「飯盒《はんごう》」にも使われている。

□塑像〔そぞう〕……「塑」って、どういう意味？

粘土や石膏でつくった像。「塑」には、土をこねて、物の形をつくるという意味がある。なお、石像や木像は、土をこねるわけではないので「塑像」ではなく、「彫像」と呼ぶ。

□**挽歌〔ばんか〕**……何を「挽く」ための歌か？

死者を弔う歌。「挽く」で「ひく」と読み、もとは、棺を車にのせて墓地まで挽いていくときに歌う歌のこと。「挽」には、力をこめてひくという意味がある。「挽歌を奏でる」など。

□**象嵌〔ぞうがん〕**……「象」と「嵌」、それぞれの意味は？

金属などに、他のものをはめこんで、模様を描く技法。「嵌」には「あな」という訓読みがあり、あなを彫り、象《かたど》って嵌《は》め込むという意。「象嵌細工」など。「象眼」とも書く。

□**蔬菜〔そさい〕**……「蔬」って、どういう意味？

野菜、菜、青物のこと。「蔬」には「あおもの」という訓読みがあり、食用にする草や野菜を総称する漢字。なお、「粗菜」も「そさい」と読むが、「粗末なおかず」という意味のまったく違う言葉。

◉使えるようにしておきたい〝和〟の言葉

□団扇〔うちわ〕……この「団」は「丸い」という意味

風を送る道具。「団扇」の「団」には、丸いという意味がある。「団子」や「団栗」の「団」も同様に、丸いという意味。

□印伝〔いんでん〕……「印度伝来」の略

羊か鹿のなめし革のことで、今は、牛革を加工したものが多い。「印伝」は「印度伝来」の略。「印伝の財布」など。

□印鑑〔いんかん〕……この「鑑」の意味は？

「印鑑」は、今は単に「はんこ」も意味するが、もとは「印」がはんこ、「鑑」はそれを見分けるためのしるし、見本を意味した。昔は、関所や番所に印影を届け出ておくことがあり、その見本を「印鑑」と呼んだ。

□**文鎮〔ぶんちん〕**……この「鎮」の意味は？

書道などで、紙をおさえる道具。「鎮」には、しずめる、おさめるという意味がある。ただし、「文鎮」は日本でできた言葉のようで、中国では「鎮紙」や「書鎮」という。

□**羊羹〔ようかん〕**……この「羹」の意味は？

小豆や砂糖を使ってつくる菓子。「羹」一字で「あつもの」と読み、もとは中国の「羊の羹（汁物）」のこと。「虎屋の羊羹」など。

□**袱紗〔ふくさ〕**……「袱」と「紗」、それぞれの意味は？

茶道具や贈り物を包むときに使う小さな絹の風呂敷。「袱」一字でも「ふくさ」と読む。一方、「紗」は「うすぎぬ」と読む。「袱紗」を「ふくしゃ」と読まないように。

□**繻子〔しゅす〕**……「繻」の意味は？

布の表面に光沢がある織物。帯地などに用いる。「繻」には「うすぎぬ」という訓読みがある。

□**鼈甲〔べっこう〕**……「鼈」の意味は？
カメ類の甲羅。眼鏡や簪《かんざし》などの素材に使われてきた。「鼈」には「すっぽん」という訓読みがある。「鼈甲の簪」「鼈甲の櫛」など。

□**驟雨〔しゅうう〕**……「驟」の意味は？
にわか雨。夕立。「驟」には「にわか」という訓読みがある。また、「驟せる」で「はせる」と読む。「帰り道、驟雨に見舞われる」など。

□**鏑矢〔かぶらや〕**……この「鏑」には、どんな意味がある？
射たときに風音を立てる矢。「鏑」には「やじり」という訓読みがある。昔の戦闘では、開戦時にこの「鏑矢」を放った。

□**佩刀〔はいとう〕**……「佩」の意味は？
腰に差した刀。「佩」は、もとは腰に下げる玉（帯玉）のこと。そこから、腰に帯びるさまざまなものに使われるようになった。「佩びる」で「おびる」と読む。「佩刀を許される」「佩刀して儀式に参加する」などと使う。

□**螺鈿**〔らでん〕……この「鈿」の意味は？

「螺鈿」細工は、貝殻を切り取り、漆器に嵌め込む装飾。訓読みすると、「螺」は「にな」、「鈿」は「かんざし」。「螺鈿細工の文箱」など。

□**篝火**〔かがりび〕……「篝」の意味は？

「篝」は、薪を入れて火を焚くのに使う鉄製のかご。「篝火」は、その「篝」に薪を入れて焚く火。昔は、夜間、警備などのため、周囲を照らすときに「篝火」が焚かれた。

□**箪笥**〔たんす〕……「箪」と「笥」、それぞれには、どんな意味がある？

衣服などを収納する家具。中国では「箪」は竹製の丸い容器、「笥」は竹製の四角い容器で、いずれも飲食に使う器。日本では、「箪」にも「笥」にも、「はこ」という訓読みがある。「箪笥預金」など。

◉使えるようにしておきたい〝理系〟の言葉

□亜炭〔あたん〕……この「亜」は「つぐ」という意味？

炭化のレベルが低く、発熱量の少ない石炭の一種。「亜ぐ」で「つぐ」と読み、石炭に亜ぐものという意。「亜流」「亜熱帯」「亜硝酸」などの「亜」も、この意味。

□劇薬〔げきやく〕……この「劇」の意味は？

作用のはげしい危険な薬。「劇しい」で「はげしい」と読み、「劇」にははげしく強いという意味がある。「改革には劇薬が必要だ」「劇薬に過ぎる」などと使う。

□漏斗〔ろうと、じょうご〕……「じょうご」とも読むことがあるのは？

器から器へ液体を移す道具。もともとは「ろうと」と読むが、酒を入れて移すことから、酒飲みを意味する「上戸」にたとえて、後に「じょうご」とも読むようになった。

□**鍍金〔めっき〕**……「鍍」って、どういう意味？

金属を別の金属の上に薄い層にしてかぶせること。「鍍」一字でも「めっき」と読む。「金鍍金」「銀鍍金」など。「鍍金がはげる」は、本性が現れること。

□**梃子〔てこ〕**……「梃」の意味は？

重いものを持ち上げるために使う棒。「梃」一字でも「てこ」と読む。「梃子でも動かない」は、どうやっても動かないこと。

□**禽獣〔きんじゅう〕**……「禽」は「とり」という意味

禽（鳥）と獣（けもの）。「禽」には「とり」という訓読みがあり、「猛禽類」「家禽」などと使う。「禽獣にも等しい」は、人の恩や道理を知らないこと。

□**孑孑〔ぼうふら〕**……これで「ぼうふら」を意味するのは？

蚊の幼虫。「孑」には短い、小さいという意味がある。一方、「ぼうふら」という名は、棒を振るように体をくねらせることから、ぼうふり虫となり、ぼうふらへと変化した。

2　自分のボキャブラリーに加えたい――「人」「場所」を表す言葉

◉どんな「人」か説明できますか

□下戸〔げこ〕……この「戸」の意味は？

酒が飲めない者。対義語の酒をよく飲める者は「上戸」。これらは、もとは律令制における各戸の等級を表した言葉。律令制では、各戸を四ランクに分け、上位から大戸、上戸、中戸、下戸とした。そのランク分けが、後に酒に対する強弱にも使われるようになった。

□親戚〔しんせき〕……「戚」って、どういう意味？

血縁や婚姻によって、つながりがある一族。「戚」は血のつながりがある人を表し、「みうち」という訓読みがある。「親戚の叔父さん」「親戚づきあい」など。

□**眷属**〈けんぞく〉……「眷」の意味は？

血のつながりのあるもの。「眷」には、目をかける、いつくしむという意味があり、「眷みる」で「かえりみる」と読む。そこから、後に、身内、親族という意味が生じた。

□**伴侶**〈はんりょ〉……「侶」って、どういう意味？

連れ添う相手。今は多くの場合、「配偶者」を指す。「侶」には「とも」という訓読みがあり、仲間という意味。「よき伴侶を得る」「人生の伴侶とする」など。

□**監督**〈かんとく〉……「監」と「督」、それぞれどんな意味がある？

組織全体に対して指示を出す人。「監る」も「督る」も「みる」と読み、「監」にはしらべる、「督」には指図するという意味がある。「現場監督」「監督不行き届き」など。

□**候補〔こうほ〕**……この「候」の意味は？
選挙などで、選択の対象としてあげられている人や物。この「候」には、準備して待つという意味がある。「泡沫候補」「優勝候補」「候補作品」など。

□**玄人〔くろうと〕**……「玄」の意味は？
専門家。プロ。「玄」は、もとは赤みを帯びた黒を意味し、後にすぐれているという意味が生じた。「玄人はだし」は、玄人がはだしで逃げ出すほど巧いと、素人をほめる言葉。

□**逸材〔いつざい〕**……この「逸」はどういう意味？
才能のあるすぐれた人物。「逸」には、「逸《そ》れる」などのネガティブな意味もあるが、その一方で、「すぐれる」という意味もある。「天下の逸材」「当代きっての逸材」など。

□**泰斗〔たいと〕**……この「泰」と「斗」の意味は？
その道の大家。「泰斗」は「泰山北斗」の略で、「泰山」は中国の名山、「北斗」

は北斗七星のこと。ともに、人から、仰ぎみられるものであることから、今の意味が生じた。

□**華僑**〔**かきょう**〕……この「僑」には、どんな意味がある？

外国に住む中国人の総称。「僑」は、もとは仮住まいや旅人という意味で、後に故国を離れて他国で暮らす人という意味が生じた。「在日華僑」など。

□**棟梁**〔**とうりょう**〕……「棟」と「梁」の意味は？

大工らをまとめる親方。「棟《むね》」も「梁《はり》」も、建物にとって重要であることから、「頭」という意味になった。

□**総帥**〔**そうすい**〕……「帥」って、どういう意味？

全軍を率いる総大将。転じて、組織を率い、束ねる人。「帥いる」で「ひきいる」と読み、「財閥の総帥」などと使う。なお、「帥」の音読みは「し」、「帥」は「すい」か「そつ」。

□**領袖〔りょうしゅう〕**……「領」「袖」、それぞれの意味は？
組織のトップにたつ人。「領」には「えり」という訓読みがあり、「領」も「袖《そで》」も、ともに目立つことに由来する言葉。「派閥の領袖」などと使う。

□**畏友〔いゆう〕**……「畏」って、どういう意味？
尊敬する友。「畏れる」で「おそれる」、「畏まる」で「かしこまる」と読む。「畏友と呼べる友がいる」「畏友○○君」などと使う。

□**嬰児〔えいじ〕**……「嬰」の意味は？
生まれたばかりの赤ん坊。「嬰」には「みどりご」という訓読みがあり、誕生したばかりの新生児という意味。

□**末裔〔まつえい〕**……「裔」って、どういう意味？
子孫。血筋を伝える何代も後の人。「裔」にも「末」と同様、「すえ」という訓読みがある。「王家の末裔」「大名家の末裔」などと使う。「ばつえい」とも読む。

□**侠客〔きょうかく〕**……「侠」って、どういう意味？

強きをくじき、弱きを助けるという任侠を建前にする人。具体的には、古い時代の博徒などを指し、「日本侠客伝」などと使う。「侠」には「おとこだて」という訓読みがある。

□**奸雄〔かんゆう〕**……この「奸」の意味は？

悪知恵にたけた英雄。「奸」には、よこしまという意味があり、「奸す」で「おかす」と訓読みする。「三国時代の奸雄」などと使う。

□**夷狄〔いてき〕**……「夷」と「狄」、それぞれの意味は？

未開の民や野蛮な民族。中国で、東方の未開国を「夷」、北方のそれを「狄」と呼んだことから。「夷」にも「狄」にも、「えびす」という訓読みがある。「夷狄の国」など。

□**丞相〔じょうしょう〕**……「丞」の意味は？

中国で、天子を補佐した最高の官名。『三国志』では、諸葛孔明がこの名で呼ばれる。「丞」には補佐するという意味があり、「丞ける」で「たすける」と読む。

□巫女〔みこ〕……「巫」って、どういう意味？

神につかえる女性。神楽《かぐら》や祈祷の他、神意を伝える神託も行う。「巫」一字でも「みこ」と読み、もとは男女ともに指した言葉だが、今は「巫女」と書き、女性限定の言葉となっている。

□掏摸〔すり〕……これで「すり」を意味するのは？

人の金品をかすめとる者。「掏ぶ」で「えらぶ」と読み、「摸」には手で探るという意味がある。一方、「すり」という言葉は、体を〝すりつける〟ようにして盗むことから。

□警邏〔けいら〕……「邏」の意味は？

警官などが行う、パトロールのこと。また、その人。「邏る」でめぐると読み、「邏」には見回るという意味がある。「警邏中の制服警官」など。

□**女衒〔ぜげん〕**……「衒」の意味は？

その昔、女性を遊女屋に売る商売をしていた者。「衒う」で「てらう」と読むが、この「衒」は、それとは違って「売る」という意味。

□**賓客〔ひんきゃく〕**……この「賓」の意味は？

大切な客。「賓」一字で「まろうど」と読む。「賓客として招く」など。他に、「賓う」で「したがう」と読む。

◉どんな「場所」か説明できますか

□**渓谷〔けいこく〕**……「渓」って何のこと？

山や崖にはさまれた谷。「渓」にも「谷」と同様、「たに」という訓読みがある。「渓谷美」「渡良瀬渓谷」など。

□**疎林〔そりん〕**……この「疎」の意味は？

立木がまばらに生えている林。「疎ら」で「まばら」と読む。一方、「疎い」は

「うとい」と読む。

□後架〔こうか〕……何の「後ろ」にあったのか？

便所、トイレのこと。もとは、禅寺で、僧が修行する堂の〝後ろ〟に架け渡してあった洗面所のこと。

□玄関〔げんかん〕……この「玄」の意味は？

建物の入り口。もとは禅宗の言葉で、「玄」は暗い、「関」は細い入り口を意味し、「玄関」は、進むのに困難な禅学の「入り口」を意味する言葉だった。それが、やがて寺院の入口を意味するようになり、一般の建物でも、入り口をそう呼ぶようになった。

□廟堂〔びょうどう〕……「廟」には、どんな意味がある？

政治を行うところ。「廟」には「たまや」「みたまや」「やしろ」などの訓読みがあり、もとは貴人の霊や神をまつるところを意味した。後に、寺や御殿という意味が生じた。「廟堂に上《のぼ》る」など。

□田圃〔たんぼ〕……「圃」の訓読みは「はたけ」

水田のこと。「でんぼ」とも読む。それなのに、「圃」には「はたけ」という訓読みがあり、もとは野菜や果樹を育てる畑を意味し、「圃場」などと使う。

□瀑布〔ばくふ〕……「瀑」は「たき」と訓読みする

滝のこと。「瀑」には、高いところから流れる水という意味があり、「たき」と訓読みする。それが一枚の布のように見えるところから「瀑布」。「ナイアガラ大瀑布」など。

□島嶼〔とうしょ〕……「嶼」は小さな「しま」を表す漢字

島々のこと。「嶼」には「しま」という訓読みがあり、「島嶼」の場合、「島」はおおきなしま、「嶼」は小さなしまを指す。「島嶼部」「島嶼国」など。

□橋梁〔きょうりょう〕……「梁」も「はし」と読む

川などにかける橋のこと。おもに、鉄道や幹線道路を通すような大きな橋に使う言葉。「梁」一字で「はり」の他、「はし」とも読む。「河川に橋梁を架ける」など。

□桟橋〔さんばし〕……「桟」の訓読みは「かけはし」

橋のように、海にのびた埠頭のこと。「桟」一字で「かけはし」と訓読みする。「桟橋に船をつける」「横浜港の大《おお》桟橋」など。

□埠頭〔ふとう〕……「埠」って、どういう意味？

港内で、船を横づけする場所。乗客の乗り降りや、荷物の積み降ろしをする。「波止場」と同じ意味で、「埠」一字で「はとば」と訓読みする。「本牧埠頭」など。

□橋頭堡〔きょうとうほ〕……この「堡」の意味は？

本来の意味は、橋を守るための陣地。そこから、事を起こす足がかりとなる場所。「堡」には「とりで」という訓読みがある。「アメリカ進出の橋頭堡となる旗艦店」など。

第7章

手強い熟語が使えると、ひとつ上の「国語力」が身につく

さて、この章からは、かなり手強い「上級の熟語」です。難しい熟語も、そこに使われている漢字の意味を知れば、自由自在に使いこなすことができます。

たとえば、「煩瑣」の「瑣」や、「逡巡」の「逡」の意味を正しく知っていれば、〝大人の熟語〟も、より的確に使えるようになります。

手強い熟語の〝その漢字〟の意味を知って、大人の熟語を征服してください。

1　その日本語はどこからきたの？

◉インテリと思われる日本語 1

□逓減〔ていげん〕……「逓」って、どういう意味？

じょじょに少なくなること。「逓」には、順々に伝えるという意味があり、そこから少しずつという意味が生じた。「利益が逓減する」など。対義語は「逓増」。

□掉尾〔ちょうび〕……「掉」って、どういう意味？

物事の最後。「掉尾」は「尾を掉《ふ》るう」ことで、もとは、物事の最後に奮い立つこと。そこから、単に「最後」という意味に転じた。「掉尾を飾る」「掉尾の勇を振るう」など。「とうび」は慣用読み。

□**無碍〔むげ〕**……「碍」って、どういう意味？
「碍げる」で「さまたげる」と読み、「無碍」はさまたげるものがないこと。「融通無碍」は、柔軟で、何ものにもとらわれないこと。なお、「無下に断れない」などと使う「無下」（程度のひどいこと）は、別の言葉なので、混同しないように気をつけたい。

□**相剋〔そうこく〕**……「剋」って、どういう意味？
対立している者同士が、互いに勝とうとして争うこと。「剋つ」で「かつ」と読み、「相剋を乗り越える」などと使う。「相克」とも書き、「克つ」も「かつ」と読む。

□**隘路〔あいろ〕**……「隘」って、どういう意味？
狭くて通りにくい道。妨げとなるもの。「隘い」で「せまい」と読み、「隘」には、くびれて狭いという意味がある。「計画達成への隘路となる」など。

□**煩瑣〔はんさ〕**……「瑣」の意味は?
わずらわしいこと。「煩わしい」は「わずらわしい」、「瑣さい」は「ちいさい」と読む。「煩瑣な手続き」「煩瑣な指示に閉口する」など。

□**慄然〔りつぜん〕**……「慄」って、どういう状態?
恐ろしさに、ふるえおののくさま。「慄れる」で「おそれる」、「慄く」で「おののく」と読む。「実態を目《ま》のあたりにして、慄然とする」など。

□**艱難〔かんなん〕**……「艱」って、どういう意味?
困難なことに出会い、苦しみなやむこと。単なる「困難」ではなく、「艱む」で「なやむ」と読み、〝苦しみ艱む〟こと。「艱難辛苦に耐える」「艱難汝《なんじ》を玉にす」など。

□**演繹〔えんえき〕**……「繹」の訓読みをご存じですか?
一つの事柄から、他の事柄へ押し広めること。「繹ねる」で「たずねる」と読み、「演繹的に考える」などと使う。対義語は「帰納」。

□逡巡〔しゅんじゅん〕……「逡」には、どんな意味がある？

ぐずぐずと、ためらうこと。「逡く」で「しりぞく」と読み、後ろへ下がる→前へ進めない→ためらうという意味が生じた。「一瞬、逡巡する」などと使う。

□反芻〔はんすう〕……「芻」って、どういう意味？

牛などの草食動物が、飲み込んだ草を口に戻して噛み直すこと。そこから、思い出して考えること。「反す」で「かえす」と読み、「芻」には「まぐさ」という訓読みがある。「恩師の言葉を反芻する」など。

□鳥瞰〔ちょうかん〕……「瞰」の意味は？

「瞰る」で「みる」と読み、鳥のように高いところから全体を見渡すこと。「俯瞰」と同じ意味。「鳥瞰的な分析を試みる」「日本経済を鳥瞰する」など。

□窮余〔きゅうよ〕……この「余」の意味は？

困ったあげく。苦し紛れ。「窮」は身動きがとれないさま、「余」は最後に残ったものという意味。「窮余の一策で、高利の金を借りる」など。

◉インテリと思われる日本語②

□**堅牢〔けんろう〕**……この「牢」の意味は？

作りが丈夫な、という意。「牢い」で、「堅い」と同じように、「かたい」と読む。「堅牢な建物」「堅牢な論理を組み立てる」「堅牢無比」などと使う。

□**黎明〔れいめい〕**……この「黎」は、どんな意味？

夜明け。新しいものが始まる時期。この「黎」には、ある時刻になるという意味がある。「近代科学の黎明期」「資本主義の黎明」など。

□**知悉〔ちしつ〕**……「悉」には、どんな意味がある？

細かいところまで、知り尽くしていること。「悉く」で「ことごとく」と読み、「悉」には細かいところまですべて、という意味がある。「業界事情を知悉している」など。

□**涵養〔かんよう〕**……「涵」って、どういう意味？

育て、養うこと。「涵」には、水をしみ込ませるという意味があり、「涵す」で「ひたす」と読む。「敢闘精神を涵養する」「人間力を涵養する」など。

□**箴言〔しんげん〕**……「箴」には、どんな意味がある？

教訓となる短い言葉。「箴める」で「いましめる」と読む。また、「箴」には「はり」という訓読みがあり、竹製の針を意味する。「芥川龍之介の箴言集」など。

□**放恣〔ほうし〕**……「恣」って、どういう意味？

わがままで、しまりがないこと。「恣」一字で「ほしいまま」と読む。「放」にも、気ままにするという意味がある。「放恣な生活を送る」など。

□**赫々たる〔かっかく〕**……「赫」の意味は？

かがやかしい成果が目立ってあらわれるさま。「赫」はもとは「あか」を意味し、「赫かしい」で「かがやかしい」と読む。「赫々たる戦果をあげる」など。

□**陋劣〔ろうれつ〕**……「陋」の意味は？

いやしく劣っていること。「陋しい」で「いやしい」と読む。「陋劣な性格」など。なお、「陋い」で「せまい」と読み、「固陋」の「陋」はこの意味。見識がせまいことから、古いものにこだわり、新しいものを受け入れないという意。

□**雑駁〔ざっぱく〕**……この「駁」の意味は？

雑然として、統一感がないさま。「駁」は、もとは馬の毛色が入りまじっているさまを表し、「駁じる」で「まじる」、「駁」一字で「まだら」と読む。「雑駁な知識」「雑駁な印象を与える作品」などと使う。

◉画数がやけに多い熟語を覚えるコツ①

□**覿面〔てきめん〕**……「覿」には、どんな意味がある？

結果がすぐにあらわれること。「覿う」で「あう」と読み、結果を目のあたりにすること。「効果が覿面にあらわれる」「天罰覿面」などと使う。

□**真摯**〔しんし〕……「摯」の意味は？

まじめで熱心なこと。心の底から誠実なこと。「摯」には、手厚い、行き届く、真面目、誠実といった意味がある。「真摯な態度」「業務に真摯に取り組む」など。

□**驀進**〔ばくしん〕……「驀」の意味は？

まっしぐらに進むこと。「出世街道を驀進する」など。なお、「驀地」で「まっしぐら」と読む。

□**轢死**〔れきし〕……「轢」って、どういう意味？

人が電車や自動車などに轢《ひ》かれ、死亡すること。また、「轢る」で「きしる」と読む。「轢死体」など。

□**慧眼**〔けいがん〕……「慧」って、どういう意味？

物事の本質を見抜く鋭い眼力。「慧い」で「さとい」と読む。「彼の慧眼には脱帽する他ない」「慧眼の士」などと使う。

□**懺悔〔ざんげ〕**……「懺」の意味は?

罪を告白し、悔い改めること。現代では、キリスト教に関係して使うことが多く「ざんげ」と読むが、もとは仏教語で、仏教語としては「さんげ」と濁らずに読む。「懺いる」も「悔いる」と同じように、「くいる」と読む。「懺悔室」など。

□**耄碌〔もうろく〕**……「耄」って、どういう意味?

老いて、頭や体の働きが鈍くなること。「耄れる」で「おいぼれる」と読む。「うちの社長はまだ耄碌はしていない」など。

□**陰翳〔いんえい〕**……「翳」の意味は?

かげ。光の当たらない部分。「翳」一字で「かげり」と読み、「陰」と同様、日の当たらない部分を指す。「陰影」と同じ意味。「陰翳に富む作品」などと使う。

□**辺鄙〔へんぴ〕**……「鄙」の意味は?

都会から離れた不便な場所。「鄙」には「ひな」という訓読みがあり、田舎のこと。「辺鄙な片田舎」「辺鄙な場所」など。

◉画数がやけに多い熟語を覚えるコツ②

□獰猛〔どうもう〕……「獰」の意味は？

性質が荒く、乱暴なこと。「獰い」で「わるい」と読む。「獰猛な性格」「獰猛な表情を浮かべる」など。「寧」を「ねい」と読むためか、「ねいもう」と誤読する人がいる熟語。

□熾烈〔しれつ〕……「熾」の意味は？

激しいさま。「熾ん」で「さかん」と読み、おもに火の勢いが強いことを表す。「熾烈な戦い」「熾烈をきわめる」などと使う。

□語彙〔ごい〕……「彙」って、どういう意味？

言葉の集まり。言語に使われる言葉の総称。「彙」には「はりねずみ」という訓読みがあり、集めるという意味がある。「語彙の豊富な人物」「語彙力不足」など。

□**嘱望〔しょくぼう〕**……「嘱」には、どんな意味がある？

大きな期待をかけること。「嘱」には、注意して見るという意味があり、また「嘱む」で「たのむ」（委嘱など）と読む。「将来を嘱望される青年」のように使う。

□**範疇〔はんちゅう〕**……「疇」の意味は？

同じようなものが含まれる範囲。カテゴリー。「疇」は、もとは田畑の境界線のことで、「うね」という訓読みがある。「ミステリーの範疇に入る作品」など。

□**蘊蓄〔うんちく〕**……「蘊」って、どういう意味？

蓄えた知識。「蘊む」で「つむ」と読み、「蘊」にも「蓄」と同じように、たくわえるという意味がある。「ワインに関する蘊蓄をかたむける」など。

□**一縷〔いちる〕**……「縷」の意味は？

ごくわずかであること。前述したように、「縷」には「いと」という訓読みがあり、「一縷」は一本の糸。「一縷の望み」は、一本の糸ほどのごくわずかな望み、可能性のこと。

□欺瞞〔ぎまん〕……「瞞」には、どんな意味がある？

だますこと。あざむくこと。「瞞」には目をくらますという意味があり、「瞞す」で「だます」と読む。一方、「欺く」は「あざむく」と読む。「欺瞞に満ちた行動」など。

□静謐〔せいひつ〕……「謐」の意味は？

静かで落ちついているさま。騒がしくないさま。「謐か」で「静か」と同じように、「しずか」と読む。「静謐な環境」「静謐なひととき」「静謐な文章」など。

□暗澹〔あんたん〕……「澹」って、どういう意味？

希望をなくした暗い気持ち。「澹」は、もとは水がゆっくり揺れ動くさまを表す漢字。後に「あわい」という意味が生じ、「澹い」で「あわい」と読む。「暗澹たる前途」「暗澹たる思い」「暗澹たる気持ちになる」などと使う。

□騒擾〔そうじょう〕……「擾」って、どういう意味？
大騒ぎになること。「擾れる」で「みだれる」と読む。「騒擾事件が発生する」「大騒擾」など。

□無辜〔むこ〕……「辜」って、どういう意味？
罪のないこと。罪のない人のこと。「辜」には「つみ」という訓読みがあり、重罪を意味する。「無辜」は、そのつみが無いという意味。「無辜の民」など。

◉読めるかどうかがカギをにぎる熟語

□裂帛〔れっぱく〕……「帛」の意味は？
絹を裂くような鋭い音。「帛」には「きぬ」という訓読みがあり、絹織物を総称する漢字。「裂帛の気合いで立ち向かう」など。

□収斂〔しゅうれん〕……「斂」って、どういう意味？
いろいろな要素が一点に集まること。「斂める」も「収める」と同じように、「おさめる」と読む。「大衆の関心が一点に収斂する」などと使う。

□**常套〔じょうとう〕**……「套」って、どういう意味？
ありきたり。かわりばえがしないさま。「套」には、ふるくさい、決まった通り、という意味がある。「常套手段」「常套的な手法をとる」など。

□**忽然〔こつぜん〕**……「忽」の意味は？
たちまち。にわかに。「忽ち」で「たちまち」と読む。「忽然と現れる」「忽然と姿を消す」など、予想もしない出現や消えたりするさまに使う。

□**補塡〔ほてん〕**……「塡」には、どんな意味がある？
不足した分を補うこと。「塡める」で「うずめる」、「塡ぐ」で「ふさぐ」と読む。「赤字を補塡する」「損失補塡」など。

□**芳醇〔ほうじゅん〕**……この「醇」の意味は？
香り、味がよいこと。「醇」は、もとは味の濃い酒を表す漢字で、「芳醇」はおもに酒を形容するときによく使う熟語。「ブランデーの芳醇な香りを楽しむ」など。

□書肆〔しょし〕……「肆」の意味は?

本屋。書店。「肆」には「みせ」という訓読みがある。また「肆ねる」で「つらねる」と読み、そこから品物を並べるという意味が生じた。

□婉曲〔えんきょく〕……「婉」の意味は?

言い方が遠回しで、穏やかなさま。「婉しい」で「うつくしい」と読み、「婉」にはしとやかなという意味がある。そこから、直接的ではないという意味が生じた。「婉曲な表現」「婉曲に断る」など。

□僭越〔せんえつ〕……この「僭」は「潜」とはまったく違う意味

自分の立場を弁えず、さしでがましいこと。「僭る」で「おごる」と読み、「僭」には、上位者の権限をおかすという意味もある。「潜る」とは別の漢字なので注意。「僭越な物言い」「僭越ながら」など。

□**峻別〔しゅんべつ〕**……「峻」って、どういう意味？
厳しく区別すること。「峻」は、もとは山の険しさを表す漢字で、「峻しい」で「けわしい」、「峻い」で「たかい」と読む。「公私を峻別する」など。

□**伝播〔でんぱ〕**……「播」の意味は？
伝わり広まること。「播」には種をまくという意味があり、そこから広げるという意味が生じた。「文化が伝播する」など。「でんぱん」と読まないように。

□**趨勢〔すうせい〕**……「趨」の意味は？
社会などの進んでいく方向。「趨」は、もとは小走りで進むという意味で、「趨る」で「はしる」、「趨く」で「おもむく」と読む。「時代の趨勢には逆らえない」などと使う。

□**仔細〔しさい〕**……「仔」って、どういう意味？
細かく詳しい様子。詳しい事情や理由。「仔」には、こまかい、綿密という意味がある。「仔細らしい」は、何かわけがあるらしいという意味。「仔細顔」は事情のありそうな顔。他に「仔細に語る」「仔細に伝える」など。「子細」とも書く。

□炸裂〔さくれつ〕……「炸」って、どういう意味？

爆弾などの火薬が爆発し、破片が飛び散ること。「炸」には「はじける」という意味がある。比喩的に「怒りを炸裂させる」「エネルギーを炸裂させる」などと使う。

□邁進〔まいしん〕……「邁」の意味は？

ひたすら、進むこと。「邁く」で「ゆく」と読み、もとは遠くへ行くという意味。後に、勇気をもって、どんどん進んでいくという意味が生じた。「目標に向かって邁進する」「勇往邁進」などと使う。

□頓挫〔とんざ〕……「頓」って、どういう意味？

それまで順調だった物事が、突然、行き詰まること。「頓」には「急に」という意味があり、「頓に」で「とみに」と読む。一方、「挫ける」で「くじける」と読む。「経営が頓挫する」など。なお、「突然、頓挫する」は重複表現になる。

□**流暢〔りゅうちょう〕**……「暢」の意味は？
言葉がすらすらと出る様子。「暢」にはのびやかという意味があり、「暢びる」で「のびる」と読む。「流暢な英語を話す」など。

□**敏捷〔びんしょう〕**……「捷」の意味は？
体の動きが素早いこと。「敏い」で「さとい」と読み、素早く反応するさま。「捷い」で「はやい」と読み、すばやく動くさま。「敏捷な身のこなし」「敏捷性」など。

□**明晰〔めいせき〕**……「晰」は「明」と同じ意味
はっきりしているさま。「晰」には、はっきり区別するという意味があり、「晰らか」で「明らか」と同様に「あきらか」と読む。「頭脳明晰な青年」など。

□**蔓延〔まんえん〕**……この「蔓」の意味は？
蔓草のように延びるという意味で、病気や悪臭が広がること。「疫病が蔓延する」「悪習が蔓延する」などと使う。

□**叱咤〔しった〕**……「咤」には、どんな意味がある？

強い口調、大声でしかりつけること。「咤る」も、「叱る」と同様、「しかる」と読む。「部下を叱咤する」「叱咤激励する」など。

□**乖離〔かいり〕**……「乖」って、どういう意味？

互いに逆向きで、隔たりがあること。「乖く」で「そむく」と読み、互いに逆を向いているさまを表す。「両者の意見は相当、乖離している」など。

□**終焉〔しゅうえん〕**……「焉」の意味は？

生涯を終えること。物事が終わること。「焉」は、漢文で「ここ」や「これ」と訓読みする漢字。「終焉を迎える」「文豪終焉の地」などと使う。

□**饒舌〔じょうぜつ〕**……「饒」の意味は？

よくしゃべること。「饒」は、もとは食料が満ち足りているという意味で、そこから溢れるほど多いという意が生じた。「饒か」で「ゆたか」と読む。「饒舌な人物」など。

□**研鑽〈けんさん〉**……「鑽」には、どんな意味がある？

努力して、技量などを高めること。「鑽」は、もとは錐で穴を開けるという意で、「鑽る」で「きる」と読む。また、「鑽」一字で「きり」と読む。「研鑽を重ねる」など。

□**敬虔〈けいけん〉**……「虔」の意味は？

信仰が深いさま。「虔む」で「つつしむ」と読み、敬いつつしむ気持ちが強いさま。「敬虔なクリスチャンの家庭に生まれる」「敬虔な祈りを捧げる」など。

◉これを知らないと確実に恥をかく①

□**零細〈れいさい〉**……この「零」の意味は？

ひじょうに小さいこと。この「零」は、「れい」ではなく、わずかという意味。「零細企業」「零細な知識」など。

□**対峙〔たいじ〕**……「峙」って、どういう意味？

対立する者同士が、にらみ合って動かないこと。「峙」は、もとは山がそびえるという意で、「峙つ」で「そばだつ」と読む。「両軍が対峙する」など。

□**采配〔さいはい〕**……「采」って、どういう意味？

もとは、軍の大将が兵に指図するための道具。そこから、指図や指揮することを意味する。「采配を振る」といえば、指揮するという意味。なお、「采る」で「とる」と読む。

□**形骸化〔けいがいか〕**……「骸」の意味は？

形だけが残り、中身が伴わなくなっていること。「骸」は、もとは死人の骨を意味する漢字で、訓読みは「むくろ」。「形骸化した制度」など。

□**杞憂〔きゆう〕**……この「杞」の意味は？

しても仕方のない心配。古代中国の杞の国の男が、天地が崩れるのではないかと心配し、食事も取らず、夜も眠らなかったという故事に由来する。「杞憂にすぎない」などと使う。現在、「杞」という漢字を使う言葉は、この「杞憂」と「枸杞《くこ》」（植物の名）くらい。

□信憑性〔しんぴょうせい〕……この「憑」の意味は？

信用できる程度のこと。「憑む」で「たのむ」と読み、頼りになるという意味。「信憑性に乏しい」「信憑性に欠ける証言」など。

□木鐸〔ぼくたく〕……「鐸」って何のこと？

「鐸」には「すず」という訓読みがあり、「木鐸」は木製の大きな鈴。昔、中国で人民に法を示すときなどに使われた。そこから、人々を導き、警告を発するものという意味が生じた。「社会の木鐸」は新聞の代名詞として使われてきた言葉だが、近年はあまり耳にしない。

□顚末〔てんまつ〕……「顚」の意味は？

物事の初めから終わりまでのいきさつ。「顚」一字で「いただき」と訓読みする。

「末」は最後のこと。「事の顚末を語る」「顚末を明らかにする」など。

□**急遽**〔きゅうきょ〕……「遽」って、どういう意味？

にわかに。急いで。「遽しい」で「あわただしい」、また「遽」一字で「にわか」と読む。「急遽、取り組む」「急遽、帰宅する」などと使う。

◉これを知らないと確実に恥をかく②

□**暗渠**〔あんきょ〕……「渠」の訓読みをご存じですか？

覆いをした排水用の水路。「渠」は「みぞ」と訓読みする。なお、上に覆いをしていない水路は「開渠《かいきょ》」という。「暗渠の上に発展した渋谷の街」など。

□**嚥下**〔えんげ〕……「嚥」の意味は？

物を飲み込み、胃に送りこむこと。「嚥む」で「のむ」と読む。「咽下」とも書く。「えんか」とも読む。

□**天誅〔てんちゅう〕**……「誅」って、どういう意味？

天の下す罰。この「誅」には、普通の「罰」以上に恐ろしい意味があり、「誅す」で「ころす」と読む。幕末の志士が人に斬りかかるときは「天誅でござる！」と叫んだもの。

□**胚胎〔はいたい〕**……「胚」の意味は？

もとは、みごもること。そこから、物事をひきおこす原因という意味で使われる。「胚む」も「胎む」も「はらむ」と読み、「禍のもとは、すでに胚胎していた」などと使う。

□**吐瀉〔としゃ〕**……「瀉」の意味は？

吐くことと下痢をすること。「瀉く」も「吐く」と同様、「はく」と読むが、この語では「下痢」を意味する。「激しく吐瀉する」「吐瀉物」など。

□**罹災〔りさい〕**……「罹」の意味は？

災害をこうむること。「罹る」で「かかる」と読み、災いがふりかかるという意味。「羅《ら》」と混同しないように。「罹災者」「罹災地」など。

□霍乱〈かくらん〉……「霍」には、どんな意味がある？

日射病のこと。「霍か」で「にわか」と読み、「鬼の霍乱」は、強い鬼も、霍乱にかかると、寝込むだろうことから、ふだんは人一倍元気な人が病気になること。

□孵化〈ふか〉……「孵」の意味は？

卵がかえること。「孵す」で「かえす」と読む。「卵を人工的に孵化させる」など。

□飢饉〈ききん〉……「饉」の意味は？

農作物の収穫量が極端に少なく、食糧が不足すること。「饉える」も、「飢える」と同じように、「うえる」と読む。「飢饉に見舞われる」「天明の大飢饉」など。

□団欒〈だんらん〉……「欒」って、どういう意味？

家族など、親しい者同士が集まり、楽しく過ごすこと。「団い」で「まるい」、「欒か」で「まどか」と読み、ともに「まるい」という意味。「家族団欒」「一家団欒」など。

□**折檻**〔**せっかん**〕……「檻」って、どういう意味？

もとは、厳しくいさめること。今は、子どもらにこらしめの体罰を加えるという意味で使われる。「檻」は普通「おり」と読むが、「てすり」という訓読みもあり、皇帝に諫言《かんげん》した者を引き下ろそうとしたときに「檻が折れた」という故事に由来する。「子どもを折檻する」など。

□**壊疽**〔**えそ**〕……「疽」って、どういう意味？

体の組織や細胞の一部が死に、腐って悪臭を放つようになった状態。「疽」には「かさ」という訓読みがある。

□**厩舎**〔**きゅうしゃ**〕……「厩」って、どういう意味？

馬や牛などの家畜を飼う小屋。あるいは、競走馬を管理、訓練する場所。「厩」には、「うまや」という訓読みがある。

□**剣戟**〔**けんげき**〕……「戟」の意味は？
「剣《つるぎ》」と「戟《ほこ》」など、手に持って使う武器の総称。「剣戟を振るう」「剣戟の響き」のように使う。

◉これを知らないと確実に恥をかく③

□**投擲**〔**とうてき**〕……「擲」の意味は？
投げること。「擲つ」で「なげうつ」と読む。「投擲競技」など。

□**厨房**〔**ちゅうぼう**〕……「厨」って、どういう意味？
台所のこと。「厨」は「くりや」と訓読みし、これ一字でも台所のこと。火を使い、煙で黒くなるところから「黒屋」、それが転じて「くりや」になったという説がある。

□**疼痛**〔**とうつう**〕……「疼」って、どんな痛み？
ずきずきする痛み。うずき。「疼む」で「いたむ」、「疼く」で「うずく」と読む。

「疼痛をコントロールする」など。

□歩哨〔ほしょう〕……「哨」の意味は？

警戒や監視任務につく兵士。「哨」には「みはり」という訓読みがある。「哨戒」は、敵の攻撃に備えて見張りをすること。「哨戒機」は敵潜水艦を見張る航空機。

□臙脂〔えんじ〕……「臙」の意味は？

黒みを帯びた赤色。もとは、紅色の顔料のことで、燕《えん》の国でとれたことから、こう書くようになったと伝わる。「燕脂」とも書く。

□箝口令〔かんこうれい〕……「箝」って、どういう意味？

ある事柄について、人に話すことを禁じること。「箝」には「くびかせ」という訓読みがある。「箝口令を敷く」という形で使われることが多い。

□黙禱〔もくとう〕……「禱」の意味は？

心の中で、神仏や冥福を祈ること。「禱る」で「いのる」と読み、「祈る」と同様の意味。「黙禱を捧げる」など。

□**雑沓**〔ざっとう〕……この「沓」は「くつ」という意味ではない

大人数で混み合うこと。この「沓」は、重なるという意味。いまは「雑踏」と書くことが多い。「雑沓にまぎれる」「繁華街の雑沓」など。

□**閨閥**〔けいばつ〕……「閨」って、何のこと？

姻戚関係でつながる集まり。「閨」は、もとは小さな門という意味。そこから、後宮や妻を意味するようになり、「ねや」と訓読みする。「閨閥づくりに励む」など。

□**煉獄**〔れんごく〕……「煉」には、どんな意味がある？

天国と地獄の間。カトリックの教義で、死者が天国に入る前に、火によって、罪が浄化されると信じられている場所。「煉」は、もとは金属を火で溶かして、精錬すること。後に、心を鍛えるという意味が生じた。「煉る」で「ねる」と読む。

2　「言葉力」のある人だけが身につけていること

◉どういう「評価」なんだろう

□**該博〈がいはく〉**……「該」には、どんな意味がある?
いろいろな学問などに、広く通じていること。「博い」で「ひろい」、「該ねる」で「かねる」と読み、知識などを幅広く兼ね備えているという意。「該博な知識を誇る」など。

□**精悍〈せいかん〉**……「悍」には、どんな意味がある?
表情や体つきなどが引き締まり、精気に満ちているさま。「悍し」で「たけし」と読む。「精悍な顔つき」「精悍な青年」など。

□**落魄〔らくはく〕**……「魄」には、どんな意味がある？
おちぶれて、みじめな状態になること。「魄」一字で「たましい」と読む。「落魄した姿」「事業に失敗し、落魄する」など。「落剥」（剥げ落ちること）と混同しないように。

□**燦然〔さんぜん〕**……「燦」の意味は？
きらびやかに光るさま。「燦らか」で「あきらか」と読む。「芸能史に燦然と輝くスター」「球史に燦然と輝く大記録」など、「燦然と輝く」の形で使うことが多い。

□**衒学的〔げんがくてき〕**……「衒」って、どういう意味？
知識があることをひけらかす様子。「衒う」で「てらう」と読み、みせびらかして誇示するという意味。「衒学的な態度をとる」など。

□**頽廃的〔たいはいてき〕**……「頽」の意味は？
道徳的な気風がすたれた不健全な状態。「頽れる」で「くずれる」と読む。「頽廃的なムードがただよう」など。今の表記では「退廃」に書き換えることが多い。

□瞠目〔どうもく〕……この「瞠」の意味は？

感心して、目を大きくみはること。「瞠る」で「みはる」と読む。「瞠目して見るべし」「近頃の進境ぶりには、瞠目すべきものがある」などと使う。

□茫洋〔ぼうよう〕……「茫」にも、訓読みがあります

広すぎて、見当がつかないさま。「茫い」で「とおい」、「洋い」で「ひろい」と読む。「茫洋とした性格」「茫洋たる草原」など。

□遜色〔そんしょく〕……「遜」の意味は？

「遜」には劣るという意味があり、「遜色がない」は劣る様子がないという意味。なお、「遜う」で「したがう」、「遜る」で「へりくだる」、「ゆずる」と読む。

□強靭〔きょうじん〕……「靭」って、どういう意味？

しなやかで、強いさま。「靭やか」で「しなやか」と読む。「強靭な肉体」「国土

強靭化計画」など。

□**凋落**〔ちょうらく〕……「凋」には、どんな意味がある？

落ちぶれること。勢いがすっかり衰えること。「凋」は、もとは寒くなって草木がしおれるさまを表し、「凋む」で「しぼむ」と読む。「凋落の一途をたどる」など。「しゅうらく」と読まないように。

□**錚々たる**〔そうそう〕……「錚」一字の意味は？

多くの中で、とくにすぐれているさま。「錚」は、よく鍛えた鉄などのさえた音を表す漢字で、「どら」という訓読みがある。「錚々たるメンバー」「錚々たる顔ぶれ」など。

◉どういう「感情」なんだろう

□**猜疑**〔さいぎ〕……「猜」って、どういう意味？

人の言動などを素直に受け取らないで、疑ったり、ねたんだりすること。「猜む」

で「ねたむ」と読む。「猜疑心が強い性格」「猜疑の目で見る」など。

□寂寥〔せきりょう〕……「寥」には、どんな意味がある？

心が満ち足りず、寂しいこと。孤独で虚ろな気持ち。「寥」には、空っぽなという意味があり、「寥しい」も「寂しい」と同じように「さびしい」と読む。「拭いがたい寂寥感を覚える」などと用いる。

□怪訝〔けげん〕……「訝」の意味は？

「訝る」で「いぶかる」と読み、「怪訝」は怪しく不審に思うこと。「怪訝な表情を浮かべる」「怪訝な思いがつのる」などと使う。「訝」には、疑う気持ちを牙のようにつきだすという意がある。

□敵愾心〔てきがいしん〕……この「愾」の意味は？

敵に対していだく、憤りや闘争心。対抗しようとする意気込み。「愾」は「ためいき」と訓読みするが、いかる、いきどおるという意味もある。「敵愾心を燃やす」など。

□**含羞〔がんしゅう〕**……「羞」って、どういう意味？

はじらう気持ち。「羞じる」で「はじる」と読み、「含羞」は〝はじらいを含む〟という意味。「含羞の色を浮かべる」などと使う。

□**恬淡〔てんたん〕**……「恬」って、どういう意味？

物事に執着せずに、あっさりしていること。「恬い」で「やすい」と読む。「恬淡とした人柄」「彼は金銭に恬淡としたところがある」など。

□**寛恕〔かんじょ〕**……「恕」の意味は？

過失をとがめず、ひろい心でゆるすこと。「寛い」で「ひろい」、「恕す」で「ゆるす」と読む。謝罪するときに、「なにとぞ、ご寛恕を願います」などと使う。

□**震撼〔しんかん〕**……「撼」の訓読みを知っていますか？

人を驚かせ、動揺させること。「撼」には「揺れ動く」という意味があり、「撼かす」で「うごかす」と読む。「世間を震撼させた事件」「文壇を震撼させた作品」など。

◉どうしたの？　何があったの？①

□**一瞥**〔いちべつ〕……「瞥」って、どういう意味？
ちらっと見ること。「瞥」には、視線を横に流すという意味がある。「一瞥する」「一瞥を投げる」などと使う。

□**昏睡**〔こんすい〕……「昏」には、どんな意味がある？
前後もなくなるほど、深く眠ること。「昏い」で「くらい」と読む。「昏睡状態に陥る」「昏睡強盗」など。

□**拿捕**〔だほ〕……「拿」の意味は？
船や航空機などが、強制的に外国の軍艦などの命令下に入れられること。「拿く」で「ひく」と読み、「拿」には、とらえる、つかむという意味がある。「北方領土近海で、漁船が拿捕される」などと使う。

□**蟄居〔ちっきょ〕**……「蟄」の意味は？

閉じこもり、外出しないこと。「蟄」には、「虫が土中にこもる」という意味があり、「蟄れる」で「かくれる」と読む。「蟄居を命じられる」「蟄居生活を送る」など。

□**闊歩〔かっぽ〕**……「闊」って、どういう意味？

大手を振って歩くこと。「闊い」で「ひろい」と読み、大きいという意味もある。「社内を闊歩する」など。

□**分娩〔ぶんべん〕**……「娩」って、どういう意味？

胎児を出産すること。「娩む」で「うむ」と読む。「自然分娩」「分娩室で出産する」などと使う。

□**鼎談〔ていだん〕**……「鼎」って、どういう意味？

三人で話をすること。「鼎談会」などと使う。「鼎」は「かなえ」と訓読みし、三本脚のついた、食べ物を煮る容器のこと。そこから「三人」を意味し、三者が対立すれば「鼎立」となる。

◉どうしたの？　何があったの？②

□**蒐集〔しゅうしゅう〕**……「蒐」は「集」と同じ意味

趣味や研究のために集めること。「蒐める」で「あつめる」と読む。今は「蒐」を「収」や「集」に書き換えることが多く、「蒐集」の代わりに「収集」と書くことが多い。「骨董品を蒐集する」など。

□**闖入〔ちんにゅう〕**……「闖」って、どういう意味？

何のことわりもなく、突然入り込むこと。「闖」はもとは、馬が門を出る様子を表した漢字。後に「突然入り込む」という意味が生じた。「闖入者が現れる」など。また、「闖う」で「うかがう」と読む。

□**編纂〔へんさん〕**……「纂」には、どんな意味がある？

材料を集め、辞書や辞典などの書物にまとめること。「纂める」で「あつめる」と読み、「纂」にはさまざまなものを集め、つなぐという意味がある。「百科事典を編纂する」など。

□剪定〔せんてい〕……「剪」って、どういう意味？

庭木、果樹、花などの枝葉を切ること。「剪る」で「きる」と読み、きりそろえるという意味がある。「庭木を剪定する」などと使う。「ぜんてい」と読まないように。

□登攀〔とうはん〕……「攀」の意味は？

高い山に登ること。「攀じのぼる」で「よじのぼる」と読む。「最高峰に登攀する」など。

□馘首〔かくしゅ〕……「馘」の意味は？

解雇すること。「馘る」には、「くびきる」や「みみきる」という怖い訓読みがある。昔の中国では、殺した敵の左の耳を切り、討ち取った人数を数えた。「馘首を宣告する」など。

□**招聘〔しょうへい〕**……「聘」には、どんな意味がある？

礼儀を尽くして、人を招くこと。「聘」は、もとは「たずねる」という意味の漢字で、後に「まねく」という意が生じた。「聘す」で「めす」と読む。「三顧の礼をもって、教授に招聘する」などと用いる。

□**直諫〔ちょっかん〕**……「諫」の意味は？

相手の地位に関係なく、率直に諫めること。「諫める」で「いさめる」と読む。「直諫する部下を疎《うと》んじる」などと使う。

◉ちょっとアブない匂いがする言葉

□**捏造〔ねつぞう〕**……「捏」には、どんな意味がある？

嘘を事実とでっちあげること。「捏ねる」で「こねる」と読む。「記事を捏造する」など。「捏」の音読み（漢音）は「でつ」で、「捏造」は本来は「でつぞう」と読むのだが、慣用読みの「ねつぞう」で定着している。

□罵詈〔ばり〕……「詈」の意味は？

口汚くののしること。または、ののしりの言葉。「詈る」も「罵る」と同じように、「ののしる」と読む。「罵詈雑言《ぞうごん》」「罵詈讒謗《ざんぼう》」など。

□詭弁〔きべん〕……この「詭」の意味は？

ごまかしの弁論。論理的におかしいことを正しいと思わせるような弁舌。「詭る」で「いつわる」と読む。「詭弁を弄する」「詭弁が過ぎる」「詭弁家」など。

□邀撃〔ようげき〕……「邀」の意味は？

敵をむかえ撃つこと。「邀える」で「むかえる」と読む。「邀撃作戦」「邀撃部隊」など。今でいう「迎撃」と同じ意味。

□毀損〔きそん〕……「毀」の意味は？

壊すこと。「毀つ」で「こぼつ」（壊すの意）と読む。「名誉毀損にあたる」「長年の信用を毀損する」など。

□**壟断〔ろうだん〕**……「壟」には、どんな意味がある？
利益や権利を独り占めにすること。「壟」は丘のことで、ある者が丘の上から市場を見回すことによって、市況をよく把握し、利益を独占したという中国故事に由来する言葉。

□**誣告〔ぶこく〕**……「誣」って、どういう意味？
人を罪に落とすため、事実をまげて告げること。「誣いる」で「しいる」と読み、この場合は「まげる」という意味。「誣告罪に問われる」など。

□**殲滅〔せんめつ〕**……「殲」って、どういう意味？
皆殺しにして、滅ぼすこと。「殲」には「皆殺しにする」という意味があり、「殲ぼす」で「滅ぼす」と同じように、「ほろぼす」と読む。「敵を殲滅する」など。

□**殺戮〔さつりく〕**……「戮」には、どういう意味がある？
むごたらしく、多くの命を奪うこと。「戮す」で「ころす」と読み、「戮」には殺して死体をさらすという意味がある。「殺戮を繰り返す」など。

□**簒奪〔さんだつ〕**……「簒」の意味は？

帝位や王位など、高い地位をうばうこと。「簒う」で「うばう」と読む。「奸計をめぐらし、帝位を簒奪する」「簒奪者」などと使う。

□**威嚇〔いかく〕**……「嚇」の意味は？

力をもって、相手をおどしつけること。「威す」「嚇す」ともに、「おどす」と読む。「威嚇射撃」「核兵器で威嚇する」など。

□**讒言〔ざんげん〕**……「讒」の訓読みを知っていますか？

事実を偽っていう告げ口。「社長に讒言する」など。「讒」には、人を悪くいっておとしいれるという意味があり、「讒る」で「そしる」と読む。

□**恫喝〔どうかつ〕**……「恫」の意味は？

人を脅して、おびえさせること。「恫む」で「いたむ」と読むが、この熟語の場合は「おどす」という意味。「大声で恫喝する」など。

□**使嗾**〔しそう〕……「嗾」って、どういう意味？

指図して、そそのかしたり、けしかけたりすること。「嗾す」で「そそのかす」と読み、「指嗾」と書いても同じ読み・同じ意味。「大衆を使嗾する」など。

□**弾劾**〔だんがい〕……「劾」って、何のこと？

非難して告発すること。「弾」には非難する、「劾」には告発する、とくに役人の罪をあばいて訴えるという意味がある。「大統領を弾劾する」「弾劾裁判」など。

□**歪曲**〔わいきょく〕……「歪」の意味は？

わざと内容をゆがめること。「歪める」で「ゆがめる」と読む。「事実を歪曲して報道する」など。

第8章

「語彙力」が身につくと、言いたいことがきちんと言える

一流の社会人は、上級の熟語を巧みに使いこなすものです。たとえば、「Aさんのお話に関係するのですが」↓「Aさんのお話を敷衍いたしますと」や、「Bさんから、いろいろ教わった青年です」↓「Bさんの薫陶を受けた青年です」のように〝上級熟語〟を使って格調高く言い換えるものです。

もちろん、難しい熟語を使うとき、誤用しては元も子もありませんが、その言葉を構成する漢字の意味をしっかりおさえていれば、そんな誤用は防ぐことができます。

本章では、上級の熟語を構成する漢字の意味をおさえながら、一目置かれる日本語の使い方を解説します。

1　難しい熟語は、こう覚えればいい

◉ワンランク上の熟語の「読み方」「使い方」

□**鶴唳〈かくれい〉**……「唳」って、何のこと？

鶴のなく声。「唳」には「なく」という意味があり、鶴や雁の鳴く声を表す漢字。「涙《るい》」と混同しないように。「風声鶴唳」は、風の音や鶴の声を敵兵の立てる音と思い、おじけるさま。

□**万斛〈ばんこく〉**……「斛」って、何のこと？

ひじょうに多いこと。「斛」は「石」と同じで、十斗（一八〇リットル）のこと。「万斛の涙を流す」などと使う。

□**錦繍**〔きんしゅう〕……「繍」の意味は？
美しい織物のこと。美しい紅葉や花の形容に使うことが多い言葉。「錦繍の秋」「錦繍の山々」など。「繍」には、「ぬいとり」という訓読みがある。

□**涕泣**〔ていきゅう〕……「涕」の意味は？
涙を流して、泣くこと。「涕く」で「なく」、「涕」一字で「なみだ」と読む。「突然の訃報に一同、涕泣いたしました」などと使う。

□**譫妄**〔せんもう〕……「譫」の意味は？
意識障害の一つで、妄想、錯覚などを伴う状態。「譫」一字で「たわごと」と読む。「高熱から、譫妄状態に陥る」など。

□**恐懼**〔きょうく〕……「懼」の意味は？
恐れ、かしこまること。「懼れる」で「恐れる」と同じように、「おそれる」と読む。「お叱りを受け、恐懼する次第です」など。

□**一掬〔いっきく〕**……「掬」の意味は？

わずかな。「掬う」は「すくう」と読み、後に、両手いっぱいぐらいの量（具体的には〇・二リットルほどの量）を意味するようになった。「一掬の涙」などと使う。

□**蠢動〔しゅんどう〕**……「蠢」の意味は？

虫などがうごめくさま。そこから、陰でこそこそと動くこと。「蠢く」で「うごめく」と読む。「反主流派が蠢動している」など。

□**奠都〔てんと〕**……「奠」の意味は？

都を定めること。「奠める」で「さだめる」と読む。「東京に奠都する」など。また、「奠る」は「まつる」と読み、「香典」は古くは「香奠」と書いた。

□**稠密〔ちゅうみつ〕**……「稠」の意味は？

多数が集まって、混み合っているさま。「稠い」で「おおい」と読む。「人口が稠密な地帯」など。「稠」の旁につられて「しゅう」と読まないように。

□慫慂〔しょうよう〕……「慂」って、どういう意味？

人に勧める。「慂める」で「すすめる」と読む。「転職を慫慂する」など。

□微恙〔びよう〕……「恙」の意味は？

軽い病気。「恙」の訓読みは「恙ない」の「つつが」で、病気などの災難を意味する。「微恙」は、それが「微か」であるということで、軽い病気を意味する。

□燎原〔りょうげん〕……どんな場所のこと？

草原が焼けること。あるいは、火の燃え広がった草原。草原に燃え広がった火は消し止められないことから、「燎原の火」は、大変な勢いで広がるさま。「燎」は、これ一字で「かがりび」と読む。

□艤装〔ぎそう〕……「艤」の意味は？

船に、必要な装備を施すこと。「客室の艤装がまだ終わっていない」などと使う。「艤」には「ふなよそおい」という、六字におよぶ訓読みがある。

□**不愍〔ふびん〕**……「愍」の意味は？

哀れむこと。「不憫」とも書く。「愍れむ」「憫れむ」ともに、「あわれむ」と読む。「不愍に思う」など。

◉見慣れない熟語の「読み方」「使い方」

□**爾後〔じご〕**……この「爾」の意味は？

爾後の意味は「その後」。「爾」には「なんじ」という訓読みがあるが、これはそれとは違い、「爾の」で「その」と読む。「爾後、よろしくお願いいたします」などと使う。

□**蠱惑的〔こわくてき〕**……「蠱」って、どういう意味？

人の心をひきつけ、まどわすほどに、魅力的なさま。「蠱」には、悩ますという意味がある。「蠱惑的な視線を送る」など。

□亢進〔こうしん〕……「亢」って、どういう意味？
たかまり、進むこと。「亢ぶる」で「たかぶる」と読む。「インフレが亢進する」など。「高進」「昂進」と同じ意味。

□譴責〔けんせき〕……「譴」の意味は？
過失などをとがめて責めること。「譴」には「とがめる」という意味があり、「譴める」で「せめる」と読む。「譴責を受ける」「譴責処分」など。

□麾下〔きか〕……「麾」には、どんな意味がある？
家来や部下のこと。「麾」は「さしまねく」と読み、指図するという意味。その「下」にいるから、部下という意味になる。「将軍麾下の部隊」など。

□佞言〔ねいげん〕……「佞」には、どんな意味がある？
人にへつらう言葉。おべっか。「佞」には、人にへつらうという意味があり、「佞る」で「おもねる」と読む。「佞言を使う輩《やから》」「佞言は忠に似たり」など。

□開闢〔かいびゃく〕……「闢」の意味は？

物事がはじまって以来。「闢く」で「開く」と同様、「ひらく」と読む。「わが校開闢以来の秀才」「○○開闢以来の出来事」などと使う。

□闡明〔せんめい〕……「闡」には、どんな意味がある？

あやふやなことを明らかにすること。「闡」は「ひらく」と訓読みし、ひらいて明らかにするという意味。「今後の方針を闡明にする」「賛否を闡明にする」など。

□寸毫〔すんごう〕……この「毫」の意味は？

ほんのわずか。「毫」は、もとは細い毛のことで、そこから、わずかという意味が生じた。「毫し」で「すこし」と読む。「寸毫も疑わない」「寸毫も違《たが》わず」など。

□旧臘〔きゅうろう〕……「臘」って、どういう意味？

昨年の暮れ。「臘」はもとは、冬至の後の戌《いぬ》の日に、先祖をまつる祭りのこと。そこから、年の暮れを意味するようになった。「客臘」も同じ意味。また、十二月のことを「臘月」という。

□**収攬〔しゅうらん〕**……「攬」って、どういう意味？

集めて、自分の手にとること。「攬る」で「とる」と読む。「人心収攬術」「民心を収攬する」などと使う。

□**須臾〔しゅゆ〕**……「臾」って、どういう意味？

短い時間。しばらくの間。「須」には「ひげ」という訓読みがあり、とりわけ細いひげのこと。「臾」は抜き出すことで、「須臾」は、ひげを抜き出すほどの短い時間という意。

◉一目置かれる熟語の「読み方」「使い方」

□**遁辞〔とんじ〕**……「遁」って、どういう意味？

逃げ口上。責任などを逃れるための言葉。「遁れる」で「のがれる」と読む。「責任逃れの遁辞を弄する」「遁辞を重ねる」など。

□寧日〈ねいじつ〉……「寧」って、どういう意味？

平穏無事な日々。気にかかることもなく、ゆっくり過ごせる日々。「寧い」で「やすい」と読み、安らかな様子を表す。「雑事に追われて、寧日もない」など、「寧日もない」（安らげる日がない）という形でよく使う。

□微醺〈びくん〉……「醺」って、どういう意味？

少し酒に酔った状態。ほろ酔い。「醺う」で「よう」と読む。「微醺を帯びる」が、定番の使い方で、「醺」には酒くさいという意味もある。

□濫觴〈らんしょう〉……「觴」って、どういう意味？

物事の始まり。起源。「觴」には、「さかずき」という訓読みがあり、長江も、その源は、觴でくめるほどの小さな流れであるという中国故事から。「近代俳句の濫觴となる一句」など。

□陋屋〈ろうおく〉……「陋」って、どういう意味？

狭苦しくみすぼらしい家。「陋い」で「せまい」、「陋しい」で「いやしい」と読み、「せまい」という意味になる。「陋屋ですが、どうぞお上がりください」などと用いる。

□忌諱〔きき〕……「諱」って、どういう意味？

忌み嫌うこと。「忌む」も「諱む」も「いむ」と読み、「忌諱に触れる」は、人の忌み嫌うことをして機嫌を損ねること。なお「忌諱」を「きい」と読むのは慣用読みで、本来は「きき」と読む。

□欣快〔きんかい〕……「欣」の意味は？

たいへん喜ばしく、気分がいいこと。「欣ぶ」で「よろこぶ」と読む。「欣快の至り」（最高のよろこびという意味）が定番の使い方。

□截断〔せつだん〕……「截」の意味は？

物を断ち切る。「截る」は「きる」、「截つ」は「たつ」と読む。「裁断」と見間違えないように。「長年のしがらみを截断する」など。

□思惟〔しゆい・しい〕……「惟」には、どんな意味がある？

じっくり考えること。「惟う」も「思う」と同様、「おもう」と読み、「よく考える」という意がある。「思惟にふける」「半跏思惟像」など。

□清冽〔せいれつ〕……「冽」って、どういう意味？

水などが、澄んでいて冷たいさま。「冽」には、冷たいという意味がある。「清冽な水の流れ」など。比喩的に「清冽な人柄」のようにも使う。

□社稷〔しゃしょく〕……「稷」って、どういう意味？

国家のこと。もとは、昔の中国で、天子や諸侯が祭った土地の神（社）と五穀の神（稷）。「稷」には、五穀の一つ「きび」という訓読みがある。

□恬然〔てんぜん〕……「恬」って、どういう意味？

人の目を気にせず、平然としているさま。やすらかな様子。「恬い」で「やすい」と読む。「世間を驚かせながら、本人は恬然としている」などと使う。

2　その熟語の本当の意味を知っていますか

◉言葉を知っている人の日本語①

□**薫陶**〔くんとう〕……「薫」と「陶」、それぞれの意味は？

人を感化し、教育すること。香をたいて薫りをしみこませ、粘土をこねて陶器をつくるように、という意味。「薫陶を受ける」「薫陶の賜物」など。

□**蒙昧**〔もうまい〕……「蒙」と「昧」、それぞれの意味は？

知識や学問がなくて、道理にうといこと。「蒙い」も「昧い」も「くらい」と読み、愚かなこと。「無知蒙昧」など。

□**嗚咽**〔おえつ〕……「嗚」と「咽」、それぞれどんな意味がある？

むせび泣き。声を詰まらせ、泣くこと。この「嗚」は、低い声をもらすという意。一方、「咽」には「のど」という訓読みがあり、のどが詰まるという意。「嗚咽をもらす」など。

□**斟酌**〔しんしゃく〕……「斟」と「酌」、それぞれの意味は？

さまざまな事情を考慮すること。「斟む」も「酌む」も「くむ」と読み、「斟酌」は、もとは酒をつぐという意味だった。酒をつぐときには、量などに注意を払うことが必要なため、今の意味が生じた。「相手の気持ちを斟酌する」など。

□**標榜**〔ひょうぼう〕……「標」と「榜」、それぞれの意味は？

主義や主張をはっきりと示すこと。「標」には「しるし」、「榜」には「たてふだ」という訓読みがある。「公明正大を標榜する政治家」「日本一を標榜する」など。

□**睥睨**〔へいげい〕……「睥」と「睨」、それぞれの意味は？

まわりを睨みつけて、勢いを示すこと。「睥」は「ながしめ」と訓読みし、「睨む」は「にらむ」と読む。「辺りを睥睨する」など。

□**敷衍〔ふえん〕**……「敷」と「衍」、それぞれどんな意味？

押し広げること。意味などを押し広げて説明すること。「衍く」も「敷く」と同じように、「しく」と読む。「敷衍して論ずる」「敷衍して説明する」など。

□**咄嗟〔とっさ〕**……「咄」と「嗟」、それぞれの意味は？

ほんの一瞬の間。「咄」は舌打ちをする、「嗟」はため息をつくという意味で、どちらもわずかな時間のたとえ。「咄嗟の判断」「咄嗟の出来事」など。

□**呪詛〔じゅそ〕**……「詛」も「呪」と同じ意味

のろい。「詛」は、「詛う」で「呪う」と同じように、「のろう」と読む。「呪詛の言葉を投げつける」など。

□**揶揄〔やゆ〕**……「揶」と「揄」、それぞれの意味は？

からかうこと。「揶う」で「からかう」と読む。一方、「揄」は「揄く」で「ひく」と読むが、からかう、もてあそぶという意味もある。「世相を揶揄した作品」など。

□**誤謬〔ごびゅう〕**……「謬」も「誤」と同じ意味

間違いのこと。「謬り」も、「誤り」と同じように「あやまり」と読む。「誤謬を指摘される」「合成の誤謬」など。

□**顰蹙〔ひんしゅく〕**……「顰」と「蹙」、それぞれの意味は？

良識に反する言動などで、人に嫌な顔をされたり、軽蔑されたりすること。「顰める」で「しかめる」、「蹙る」で「せまる」と読み、しかめっ面をされて、不快の念を表されるという意味。「世間の顰蹙を買う」など。

□**吝嗇〔りんしょく〕**……「吝」「嗇」って、どういう意味？

ひどく物惜しみをすること。けち。「吝しむ」「嗇む」ともに、「おしむ」と読む。「吝嗇家」「吝嗇にもほどがある」など。

◉言葉を知っている人の日本語②

□啖呵〔たんか〕……「啖」と「呵」、それぞれの意味は？

威勢がよく、歯切れのいい言葉。「啖らわす」で「くらわす」、「呵る」で「しかる」と読む。「威勢のいい啖呵を切る」など。

□驚愕〔きょうがく〕……「愕」は「驚」と同じ意味

ひじょうに驚くこと。「愕く」も「驚く」と同じように、「おどろく」と読む。「驚愕の事実」「驚愕の展開が待っていた」などと使う。

□逼塞〔ひっそく〕……「逼」と「塞」、それぞれの意味は？

落ちぶれて、世間から引きこもること。「逼る」で「せまる」と読むが、さしせまることから「ゆきづまる」という意味が生じた。一方、「塞ぐ」で「ふさぐ」と読む。「自宅に逼塞している」など。

□**憑依**〔ひょうい〕……「憑」と「依」、それぞれの意味は？

霊などが乗り移ること。「憑く」で「つく」、「憑る」で「依る」と同様、「よる」と読む。「悪霊に憑依される」など。

□**軋轢**〔あつれき〕……「軋」と「轢」、それぞれの意味は？

不和。葛藤が生じて、仲が悪くなること。「軋る」も「轢る」も「きしる」と読み、車輪がこすれ合って音を立てるという意味。「両者の間には、軋轢が絶えない」など。

□**冒瀆**〔ぼうとく〕……「冒」と「瀆」、それぞれの意味は？

神聖なものや権威をおかし、けがすこと。「冒す」で「おかす」、「瀆す」で「けがす」と読む。「神への冒瀆」「権威を冒瀆する」など。

□**慷慨**〔こうがい〕……「慷」と「慨」、それぞれの意味は？

ひじょうに憤り、嘆くこと。「慷」には、いきどおるという意味があり、「慨く」は「なげく」と読む。「悲憤慷慨」など。

□**馥郁**〔**ふくいく**〕……「馥」と「郁」、それぞれの意味は？

いい香りがただよう様子。「馥り」で「かおり」と読み、「郁」にもかぐわしいという意味がある。「馥郁たる香りがただよう」など。

□**朦朧**〔**もうろう**〕……「朦」と「朧」、それぞれの意味は？

ぼうっとして、意識がはっきりしないさま。「朦」も「朧」も、「おぼろ」と訓読みする。「まだ朦朧としている」「（日本画の）朦朧体」など。

□**荼毘**〔**だび**〕……「荼」と「毘」の意味は？

火葬のこと。仏典で使うパーリ語で「焼身」を意味する語の音に、漢字を当てたもので、この二文字に特別の意味はない。「荼毘に付す」は、火葬するという意味。

□**邂逅**〔**かいこう**〕……「邂」と「逅」、それぞれの意味は？

思いがけず、めぐりあうこと。「邂う」「逅う」ともに「あう」と読む。「思いがけず、旧友と邂逅する」「彼との邂逅が運命を変えることになった」などと使う。

□**慙愧〔ざんき〕**……「慙」と「愧」、それぞれの意味は？

ふかく恥じること。「慙じる」も「愧じる」も「はじる」と読む。「まことに慙愧に堪えない」などと用いる。

□**怯懦〔きょうだ〕**……「怯」と「懦」、それぞれの意味は？

臆病で意思が弱いこと。「怯える」で「おびえる」、「懦い」で「よわい」と読み、気が弱いという意味。「怯懦な性格」「怯懦な姿勢」など。

□**僥倖〔ぎょうこう〕**……「僥」と「倖」、それぞれの意味は？

思いがけない幸せ。「僥」には、もとめる、ねがうという意味がある。「倖」の訓読みは「さいわい」。「僥倖に恵まれる」「もはや僥倖にすがるしかない」などと使う。

□**蹉跌〔さてつ〕**……「蹉」と「跌」、それぞれの意味は？

物事がうまくいかず、しくじること。失敗。「蹉く」も「跌く」も「つまずく」と読む。『青春の蹉跌』は石川達三の有名な小説。「計画に蹉跌を来《きた》す」など。

◉日本語のプロが使っている日本語①

□絢爛〔けんらん〕……「絢」と「爛」、それぞれの意味は？

きらびやかで、美しいこと。「絢」一字で「あや」と訓読みする。一方、「爛」は「きらめく」という意味の他、「春爛漫」というときの「たけなわ」、「靡爛《びらん》」というときの「ただれる」という意味がある。「桜が絢爛に咲き乱れる」「豪華絢爛」など。

□慇懃〔いんぎん〕……「慇」と「懃」、それぞれの意味は？

うやうやしく、ていねいなこと。「慇ろ」は送り仮名を付け、「懃」はこれ一字で「ねんごろ」と読む。「慇懃な態度」「慇懃無礼」など。

□憔悴〔しょうすい〕……「憔」と「悴」、それぞれの意味は？

ひどくやつれること。痩せ衰えること。「憔れる」も「悴れる」も、「やつれる」と読む。「憔悴ぶりが著しい」「憔悴しきった姿が哀れを誘う」などと用いる。

□**辛辣**〔しんらつ〕……「辛」と「辣」、それぞれの意味は？

ひじょうに手厳しいこと。「辛い」で「からい」と読み、「辣」にも同様の意味がある。「辛辣な批評」「辛辣な批判を加える」など。

□**貪婪**〔どんらん〕……「貪」と「婪」、それぞれの意味は？

欲張りで、あらゆるものをむさぼろうとする様子。「貪る」「婪る」ともに、「むさぼる」と読む。「貪婪な性格」「貪婪な好奇心」など。

□**瑕疵**〔かし〕……「瑕」と「疵」、それぞれの意味は？

欠点やキズ。法律用語としては、要件が欠けていること。「瑕」にも「疵」にも、「きず」という訓読みがある。「判断に重大な瑕疵があった」などと用いる。

□**剽窃**〔ひょうせつ〕……「剽」と「窃」、それぞれの意味は？

人の文章、言説などを盗用し、自分のものとして発表すること。「剽かす」で「おびやかす」、「窃む」で「ぬすむ」と読む。「人の文章を剽窃する」など。

□**蹂躙〔じゅうりん〕**……「蹂」と「躙」の意味は？

暴力で他者をおかすこと。「蹂む」も「躙む」も「ふむ」と読み、ふみにじるという意味。「人権蹂躙」「敵陣を蹂躙する」などと用いる。

□**慟哭〔どうこく〕**……「慟」と「哭」、それぞれの意味は？

大声をあげ、身もだえして、泣きわめくこと。「慟く」で「なげく」、「哭く」で「なく」と読み、「哭」には、声をあげて泣くという意味がある。

□**奢侈〔しゃし〕**……「奢」と「侈」って、どういう意味？

度を越えた贅沢。「奢り」も「侈り」も「おごり」と読む。「奢侈に流れる」「奢侈に過ぎる」など。

□**遮蔽〔しゃへい〕**……「遮」と「蔽」、それぞれの意味は？

外から見えないように、さえぎって、おおうこと。「遮る」で「さえぎる」、「蔽う」で「おおう」と読む。「遮蔽物」「日光から遮蔽する」などと用いる。

□**規矩**〔きく〕……「規」と「矩」、それぞれの意味は?
手本。行動などの基準となるもの。「規」はコンパスのことで、「ぶんまわし」という訓読みがある。一方、「矩」は「かねざし」や「さしがね」と訓読みし、物差しのこと。「規矩とする」は、「決まりとする」や「手本とする」という意味。

◉日本語のプロが使っている日本語②

□**咀嚼**〔そしゃく〕……「咀」「嚼」って、どういう意味?
食べ物をかみ砕くこと。そこから、文章などを深く理解し、味わうこと。「咀む」「嚼む」ともに、「かむ」と読む。「十分に咀嚼する」「難解な文章を咀嚼する」などと使う。

□**韜晦**〔とうかい〕……「韜」と「晦」、それぞれの意味は?
能力や地位などを包み隠すこと。形跡を隠し、くらませること。「韜」には「つつむ」という意味がある。一方、「晦」は「晦ます」で「くらます」と読む。「自己韜晦」など。

□**俯瞰〔ふかん〕**……「俯」と「瞰」、それぞれの意味は？

高所から見下ろし、眺めること。「俯く」で「うつむく」、「俯せる」で「ふせる」、「瞰る」で「みる」と読む。「高山から周囲を俯瞰する」「情勢を俯瞰する」など。

□**翩翻〔へんぽん〕**……「翩」と「翻」の意味は？

風でひらひらとなびくさま。「翩る」も「翻る」と同様、「ひるがえる」と読む。もともと「翩」には、鳥がひるがえるという意味があった。「五輪旗が翩翻とひるがえる」など。

□**桎梏〔しっこく〕**……「桎」と「梏」、それぞれの意味は？

自由を束縛するものという意。「桎」には「あしかせ」、「梏」には「てかせ」という訓読みがある。「深すぎる愛情がかえって桎梏となる」などと使う。

□**瑞祥〔ずいしょう〕**……「瑞」と「祥」、それぞれの意味は？

めでたいことが起こる兆《きざし》。「瑞」は「しるし」、「祥」は「さち」と訓読みする。

「瑞祥として受け止める」などと使う。

□**諧謔**〔**かいぎゃく**〕……「諧」と「謔」、それぞれの意味は？

ユーモア。おどけていること。「諧らぐ」で「やわらぐ」、「謔れる」で「たわむれる」と読む。「諧謔精神に富んだ作品」など。

□**偏頗**〔**へんぱ**〕……「偏」と「頗」、それぞれの意味は？

かたよっているさま。不公平であるさま。「頗」には「かたむく」という意があり、「頗る」も「偏る」と同じように「かたよる」と読む。「偏頗な考え」など。

□**蹲踞**〔**そんきょ**〕……「蹲」と「踞」、それぞれの意味は？

爪先立ちで、しゃがみ、上体をただした姿勢。「蹲る」も「踞る」も「うずくまる」と読む。「力士が蹲踞の姿勢を保っている」など。

□**阿諛**〔**あゆ**〕……「阿」と「諛」、それぞれの意味は？

相手に気に入られるような振る舞い、言葉。「阿ねる」で「おもねる」、「諛う」

で「へつらう」と読み、ともに媚びるという意味がある。「阿諛追従」など。

□**錯綜〔さくそう〕**……「錯」と「綜」、それぞれの意味は？
物事が入り乱れ、混乱しているさま。「錯」には入り乱れるという意味があり、「錯じる」で「まじる」と読む。一方、「綜」は一つにまとめるという意味があり、「綜る」で「すべる」と読む。「事態が錯綜している」「情報が錯綜している」など。

□**穿鑿〔せんさく〕**……「穿」と「鑿」、それぞれの意味は？
根掘り葉掘り、知ろうとすること。「穿つ」も「鑿つ」も「うがつ」と読み、「鑿」は「のみ」とも訓読みする。「人の暮らしぶりをあれこれ穿鑿する」など。「詮索」と同じ意味。

□**昵懇〔じっこん〕**……「昵」と「懇」、それぞれの意味は？
親密なこと。「昵」には「したしむ」という意味があり、「昵づく」で「ちかづく」と読む。一方、「懇」は、「懇ろ」で「ねんごろ」と読む。「昵懇の間柄」「昵懇にしていただいています」などと用いる。

□**畢竟**〔ひっきょう〕……「畢」と「竟」、それぞれの意味は？

つまるところ。「畢わる」も「竟わる」も「おわる」と読み、「畢竟」は「最終的な結論としては」という意。「畢竟するに」は「結論づけると」という意味。

□**呻吟**〔しんぎん〕……「呻」と「吟」、それぞれの意味は？

苦しんで、うめくこと。「呻く」で「うめく」、「吟う」で「うたう」と読む。「いいアイデアが浮かばず、呻吟する」など。

□**咆哮**〔ほうこう〕……「咆」と「哮」、それぞれの意味は？

猛獣などが大声で吠えること。または、その叫び声。「咆える」も「哮える」も「ほえる」と読む。「百獣の王ライオンの咆哮がとどろく」など。

立派（りっぱ）……………… 58
溜飲が下がる（りゅういん）… 160
柳営（りゅうえい）…………… 41
流暢（りゅうちょう）………… 231
隆々（りゅうりゅう）………… 94
燎原（りょうげん）…………… 263
領袖（りょうしゅう）………… 205
領土（りょうど）……………… 56
緑林（りょくりん）…………… 41
稟議（りんぎ）………………… 36
臨床（りんしょう）…………… 59
吝嗇（りんしょく）…………… 274

（る）

坩堝（るつぼ）………………… 192
流布（るふ）…………………… 74
縷々述べる（るる）…………… 160

（れ）

零細（れいさい）……………… 233
黎明（れいめい）……………… 218
零落（れいらく）……………… 112
轢死（れきし）………………… 221
歴訪（れきほう）……………… 63
裂帛（れっぱく）……………… 226
廉価（れんか）………………… 140
煉獄（れんごく）……………… 242
連帯（れんたい）……………… 58
連綿（れんめん）……………… 19

（ろ）

陋屋（ろうおく）……………… 268
狼藉（ろうぜき）……………… 142
壟断（ろうだん）……………… 255
漏斗（ろうと、じょうご）…… 199
浪費（ろうひ）………………… 28
陋劣（ろうれつ）……………… 220
露骨（ろこつ）………………… 32
呂律（ろれつ）………………… 74
論難（ろんなん）……………… 115

（わ）

歪曲（わいきょく）…………… 257
藁苞に国傾く………………… 170
（わらづとにくにかたむく）

(む)
無碍(むげ) …………………… 215
無辜(むこ) …………………… 226
謀反(むほん) ………………… 132
(め)
明細(めいさい) ……………… 108
名刹(めいさつ) ……………… 133
名勝(めいしょう) …………… 113
明晰(めいせき) ……………… 231
明眸皓歯(めいぼうこうし) … 178
鍍金(めっき) ………………… 200
(も)
毛頭(もうとう) ……………… 21
蒙昧(もうまい) ……………… 271
網羅(もうら) ………………… 23
朦朧(もうろう) ……………… 277
耄碌(もうろく) ……………… 222
黙禱(もくとう) ……………… 241
沐浴(もくよく) ……………… 134
模索(もさく) ………………… 51
沐猴にして冠す……………… 168
(もっこうにしてかんす)
門前雀羅を張る……………… 162
(もんぜんじゃくら)
(や)
病膏肓に入る ……………… 170
(やまいこうこう)
揶揄(やゆ) …………………… 273
(ゆ)
雄渾(ゆうこん) ……………… 149
融通(ゆうずう) ……………… 83
悠長(ゆうちょう) …………… 31
尤物(ゆうぶつ) ……………… 153
幽閉(ゆうへい) ……………… 87
雄弁(ゆうべん) ……………… 68
猶予(ゆうよ) ………………… 76
遊離(ゆうり) ………………… 114
遊行(ゆぎょう) ……………… 119
由来(ゆらい) ………………… 48
百合(ゆり) …………………… 35
(よ)
容易(ようい) ………………… 47
羊羹(ようかん) ……………… 196
窯業(ようぎょう) …………… 133
邀撃(ようげき) ……………… 254
要請(ようせい) ……………… 66
夭折(ようせつ) ……………… 131
容貌魁偉(ようぼうかいい) … 178
揺籃の地(ようらん) ……… 165
擁立(ようりつ) ……………… 91
与党(よとう) ………………… 112
余裕綽々……………………… 178
(よゆうしゃくしゃく)
(ら)
雷同(らいどう) ……………… 29
烙印(らくいん) ……………… 133
落魄(らくはく) ……………… 244
螺鈿(らでん) ………………… 198
羅列(られつ) ………………… 139
濫觴(らんしょう) …………… 268
(り)
梨園(りえん) ………………… 41
罹災(りさい) ………………… 237
慄然(りつぜん) ……………… 216

埠頭（ふとう） …… 211
腐敗（ふはい） …… 117
不憫（ふびん） …… 264
武弁（ぶべん） …… 34
訃報（ふほう） …… 86
不毛（ふもう） …… 18
無聊をかこつ（ぶりょう） … 159
雰囲気（ふんいき） …… 71
粉飾（ふんしょく） …… 19
文鎮（ぶんちん） …… 196
芬々（ふんぷん） …… 155
分娩（ぶんべん） …… 250

（へ）

睥睨（へいげい） …… 272
兵站（へいたん） …… 129
辟易（へきえき） …… 139
鼈甲（べっこう） …… 197
別懇（べっこん） …… 42
編纂（へんさん） …… 251
偏頗（へんぱ） …… 284
辺鄙（へんぴ） …… 222
翩翻（へんぽん） …… 283

（ほ）

貿易（ぼうえき） …… 81
俸給（ほうきゅう） …… 131
咆哮（ほうこう） …… 286
忙殺（ぼうさつ） …… 91
報酬（ほうしゅう） …… 83
芳醇（ほうじゅん） …… 227
幇助（ほうじょ） …… 130
放恣（ほうし） …… 219
冒頭（ぼうとう） …… 48
冒瀆（ぼうとく） …… 276
彷彿（ほうふつ） …… 138
孑孑（ぼうふら） …… 200
茫洋（ぼうよう） …… 245
暴戻（ぼうれい） …… 120
墨守（ぼくしゅ） …… 122
木鐸（ぼくたく） …… 235
補佐（ほさ） …… 28
保釈（ほしゃく） …… 88
保障（ほしょう） …… 53
歩哨（ほしょう） …… 241
舗装（ほそう） …… 55
牧歌的（ぼっかてき） …… 97
没頭（ぼっとう） …… 66
補塡（ほてん） …… 227
母堂（ぼどう） …… 33
哺乳（ほにゅう） …… 132
煩悩（ぼんのう） …… 142
凡庸（ぼんよう） …… 75

（ま）

邁進（まいしん） …… 230
末裔（まつえい） …… 205
睫毛（まつげ） …… 189
抹殺（まっさつ） …… 88
俎板（まないた） …… 188
蔓延（まんえん） …… 231
漫歩（まんぽ） …… 94

（み）

巫女（みこ） …… 207
密林（みつりん） …… 111
妙齢（みょうれい） …… 104
魅了（みりょう） …… 67

発祥（はっしょう）…………… 70
法度（はっと）………………… 73
罵詈（ばり）…………………… 254
挽歌（ばんか）………………… 194
万斛（ばんこく）……………… 260
煩瑣（はんさ）………………… 216
万乗の君（ばんじょう）…… 166
繁殖（はんしょく）…………… 51
反芻（はんすう）……………… 217
範疇（はんちゅう）…………… 224
頒布（はんぷ）………………… 98
判別（はんべつ）……………… 61
汎用（はんよう）……………… 96
伴侶（はんりょ）……………… 202
凡例（はんれい）……………… 72

（ひ）

比較（ひかく）………………… 59
僻目（ひがめ）………………… 152
彼岸（ひがん）………………… 27
卑近（ひきん）………………… 105
微醺（びくん）………………… 268
比肩（ひけん）………………… 114
尾行（びこう）………………… 20
皮相（ひそう）………………… 39
鼻祖（びそ）…………………… 43
畢竟（ひっきょう）…………… 286
必須（ひっす）………………… 95
逼塞（ひっそく）……………… 275
匹敵（ひってき）……………… 50
髀肉の嘆（ひにく）………… 165
被曝（ひばく）………………… 129
批判（ひはん）………………… 80
罷免（ひめん）………………… 129
憑依（ひょうい）……………… 276
剽窃（ひょうせつ）…………… 280
標的（ひょうてき）…………… 186
廟堂（びょうどう）…………… 209
漂泊（ひょうはく）…………… 79
豹変（ひょうへん）…………… 29
標榜（ひょうぼう）…………… 272
秤量……………………………… 152
（ひょうりょう、しょうりょう）
微恙（びよう）………………… 263
賓客（ひんきゃく）…………… 208
顰蹙（ひんしゅく）…………… 274
敏捷（びんしょう）…………… 231
紊乱（びんらん）……………… 143

（ふ）

封緘（ふうかん）……………… 101
風紀（ふうき）………………… 61
敷衍（ふえん）………………… 273
俯瞰（ふかん）………………… 283
孵化（ふか）…………………… 238
不羈奔放（ふきほんぽう）…… 183
馥郁（ふくいく）……………… 277
復員（ふくいん）……………… 27
袱紗（ふくさ）………………… 196
福祉（ふくし）………………… 55
複製（ふくせい）……………… 48
誣告（ぶこく）………………… 255
普請（ふしん）………………… 97
憮然（ぶぜん）………………… 93
不逞（ふてい）………………… 123
不撓不屈（ふとうふくつ）…… 177

疼痛（とうつう）……………… 240
投擲（とうてき）……………… 240
滔天の勢い（とうてん）…… 164
唐突（とうとつ）……………… 79
登攀（とうはん）……………… 252
獰猛（どうもう）……………… 223
頭目（とうもく）……………… 32
瞠目（どうもく）……………… 245
陶冶（とうや）………………… 147
逗留（とうりゅう）………… 151
棟梁（とうりょう）………… 204
特殊（とくしゅ）……………… 64
独擅場 ……………………… 74
（どくせんじょう、どくだんじょう）
独白（どくはく）……………… 104
匿名（とくめい）……………… 71
吐瀉（としゃ）………………… 237
塗炭の苦しみ（とたん）…… 164
土地鑑（とちかん）………… 55
咄嗟（とっさ）………………… 273
訥弁（とつべん）……………… 148
徒弟（とてい）………………… 32
途轍もない（とてつ）……… 158
怒濤（どとう）………………… 121
努力（どりょく）……………… 106
徒労（とろう）………………… 61
度忘れ（どわすれ）………… 52
頓挫（とんざ）………………… 230
頓首（とんしゅ）……………… 155
遁辞（とんじ）………………… 267
貪婪（どんらん）……………… 280

（な）

奈辺（なへん）………………… 146
難詰（なんきつ）……………… 115
南天（なんてん）……………… 34

（に）

面皰（にきび）………………… 187
肉薄（にくはく）……………… 17

（ね）

佞言（ねいげん）……………… 265
寧日（ねいじつ）……………… 268
捏造（ねつぞう）……………… 253
年賀（ねんが）………………… 85

（は）

俳諧（はいかい）……………… 132
配剤（はいざい）……………… 98
排斥（はいせき）……………… 69
胚胎（はいたい）……………… 237
佩刀（はいとう）……………… 197
敗北（はいぼく）……………… 116
博引旁証……………………… 183
（はくいんぼうしょう）
迫害（はくがい）……………… 86
白日（はくじつ）……………… 16
驀進（ばくしん）……………… 221
剥製（はくせい）……………… 188
白皙（はくせき）……………… 153
莫大（ばくだい）……………… 75
伯仲（はくちゅう）………… 77
瀑布（ばくふ）………………… 210
暴露（ばくろ）………………… 69
方舟（はこぶね）……………… 189
八面六臂（はちめんろっぴ）… 177

窒息（ちっそく） …………………… 87
緻密（ちみつ） …………………… 90
魑魅魍魎（ちみもうりょう）… 176
致命的（ちめいてき） ……………… 66
衷心（ちゅうしん） ……………… 144
沖天（ちゅうてん） ……………… 153
厨房（ちゅうぼう） ……………… 240
稠密（ちゅうみつ） ……………… 262
中庸（ちゅうよう） ……………… 90
鳥瞰（ちょうかん） ……………… 217
重畳（ちょうじょう）……………… 36
掉尾（ちょうび） ………………… 214
諜報（ちょうほう） ……………… 141
凋落（ちょうらく） ……………… 246
直諫（ちょっかん） ……………… 253
闖入（ちんにゅう） ……………… 251
陳腐（ちんぷ） …………………… 63

（つ）

追善（ついぜん） ………………… 39
追悼（ついとう） ………………… 22
都合（つごう） …………………… 109

（て）

定款（ていかん） ………………… 81
涕泣（ていきゅう） ……………… 261
逓減（ていげん） ………………… 214
抵抗（ていこう） ………………… 67
偵察（ていさつ） ………………… 70
鼎談（ていだん） ………………… 250
泥の如し（でい） ………………… 171
敵愾心（てきがいしん）………… 247
的中（てきちゅう） ……………… 106
覿面（てきめん） ………………… 220
梃子（てこ） ……………………… 200
轍鮒の急（てっぷ） ……………… 169
典型（てんけい） ………………… 57
点景（てんけい） ………………… 99
電光石火（でんこうせっか）… 177
恬然（てんぜん） ………………… 270
恬淡（てんたん） ………………… 248
天誅（てんちゅう） ……………… 237
輾転反側（てんてんはんそく）… 183
奠都（てんと） …………………… 262
伝播（でんぱ） …………………… 229
伝法（でんぽう） ………………… 43
顛末（てんまつ） ………………… 235
天網恢々（てんもうかいかい）… 177

（と）

韜晦（とうかい） ………………… 282
恫喝（どうかつ） ………………… 256
刀下の鬼となる…………………… 171
（とうかのきとなる）
投函（とうかん） ………………… 65
等閑（とうかん、なおざり） …… 145
投機（とうき） …………………… 80
道具（どうぐ） …………………… 26
慟哭（どうこく） ………………… 281
搭載（とうさい） ………………… 50
倒錯（とうさく） ………………… 93
踏襲（とうしゅう） ……………… 110
銅臭（どうしゅう） ……………… 42
島嶼（とうしょ） ………………… 210
蕩尽（とうじん） ………………… 147
刀創（とうそう） ………………… 111
同断（どうだん） ………………… 100

荘厳（そうごん） …… 60
相殺（そうさい） …… 17
騒擾（そうじょう） …… 226
叢書（そうしょ） …… 192
総帥（そうすい） …… 204
錚々たる（そうそう） …… 246
曾祖父（そうそふ） …… 33
糟粕をなめる（そうはく） …… 163
租界（そかい） …… 129
惻隠の情（そくいん） …… 160
息災（そくさい） …… 95
即座（そくざ） …… 23
仄聞（そくぶん） …… 145
蔬菜（そさい） …… 194
咀嚼（そしゃく） …… 282
訴訟（そしょう） …… 87
措辞（そじ） …… 146
率先垂範（そっせんすいはん）…… 175
塑像（そぞう） …… 193
措置（そち） …… 56
率直（そっちょく） …… 47
蘇鉄（そてつ） …… 34
素描（そびょう） …… 39
素封家（そほうか） …… 118
粗末（そまつ） …… 54
疎林（そりん） …… 208
蹲踞（そんきょ） …… 284
遜色（そんしょく） …… 245
忖度（そんたく） …… 80

（た）

戴冠（たいかん） …… 133
退屈（たいくつ） …… 47
太古（たいこ） …… 17
隊伍（たいご） …… 38
対峙（たいじ） …… 234
怠惰（たいだ） …… 90
泰斗（たいと） …… 203
頽廃的（たいはいてき）…… 244
蛇蝎（だかつ） …… 191
妥協（だきょう） …… 82
卓抜（たくばつ） …… 60
多士済済（たしせいせい）…… 175
脱却（だっきゃく） …… 92
荼毘（だび） …… 277
拿捕（だほ） …… 249
弾劾（だんがい） …… 257
断簡零墨（だんかんれいぼく）…… 182
啖呵（たんか） …… 275
探索（たんさく） …… 64
端坐（たんざ） …… 124
端緒（たんしょ） …… 75
箪笥（たんす） …… 198
丹念（たんねん） …… 49
担保（たんぽ） …… 131
田圃（たんぼ） …… 210
団欒（だんらん） …… 238
談論風発（だんろんふうはつ）…… 176

（ち）

遅疑逡巡（ちぎしゅんじゅん）…… 176
逐語（ちくご） …… 148
知悉（ちしつ） …… 218
馳走（ちそう） …… 27
蟄居（ちっきょ） …… 250
秩序（ちつじょ） …… 67

親切（しんせつ） ……………… 17
親展（しんてん） ……………… 18
震盪（しんとう） ……………… 154
信憑性（しんぴょうせい）…… 235
辛辣（しんらつ） ……………… 280
森羅万象（しんらばんしょう）… 173

（す）

瑞祥（ずいしょう） ………… 283
出師（すいし） ……………… 119
垂涎（すいぜん） …………… 137
趨勢（すうせい） …………… 229
掏摸（すり） ……………… 207
寸毫（すんごう） …………… 266
寸楮（すんちょ） …………… 191

（せ）

精悍（せいかん） …………… 243
正鵠を失わず（せいこく） … 169
凄然（せいぜん） …………… 125
贅沢（ぜいたく） …………… 70
筮竹（ぜいちく） …………… 193
成敗（せいばい） …………… 84
静謐（せいひつ） …………… 225
精密（せいみつ） …………… 117
精励恪勤（せいれいかっきん）… 175
清冽（せいれつ） …………… 270
赤貧（せきひん） …………… 107
寂寥（せきりょう） ………… 247
女衒（ぜげん） ……………… 208
折角（せっかく） …………… 18
折檻（せっかん） …………… 239
絶叫（ぜっきょう） ………… 109
席巻（せっけん） …………… 118
切実（せつじつ） …………… 57
切歯扼腕（せっしやくわん）… 174
雪辱（せつじょく） ………… 24
摂氏（せっし） ……………… 54
截断（せつだん） …………… 269
折衷（せっちゅう） ………… 78
窃盗（せっとう） …………… 86
舌鋒鋭く（ぜっぽう） ……… 159
科白（せりふ） ……………… 73
僭越（せんえつ） …………… 228
遷化（せんげ） ……………… 101
専攻（せんこう） …………… 113
繊細（せんさい） …………… 65
穿鑿（せんさく） …………… 285
前車の轍を踏む …………… 164
（ぜんしゃのてつ）
洗滌（せんじょう） ………… 153
禅譲（ぜんじょう） ………… 97
漸次（ぜんじ） ……………… 135
先制（せんせい） …………… 56
践祚（せんそ） ……………… 154
剪定（せんてい） …………… 252
扇動（せんどう） …………… 61
餞別（せんべつ） …………… 188
闡明（せんめい） …………… 266
殲滅（せんめつ） …………… 255
譫妄（せんもう） …………… 261

（そ）

象嵌（ぞうがん） …………… 194
遭遇（そうぐう） …………… 78
造詣（ぞうけい） …………… 135
相剋（そうこく） …………… 215

熟慮（じゅくりょ） …………… 136
趣向（しゅこう） ………………… 21
豎子ともに謀るに足らず… 168
（じゅしともにはかるにたらず）
殊勝（しゅしょう） ……………… 31
繻子（しゅす） ………………… 196
呪詛（じゅそ） ………………… 273
須臾（しゅゆ） ………………… 267
需要（じゅよう） ………………… 82
樹立（じゅりつ） ……………… 108
準拠（じゅんきょ） …………… 95
逡巡（しゅんじゅん）………… 217
潤色（じゅんしょく）………… 136
浚渫（しゅんせつ） …………… 151
蠢動（しゅんどう） …………… 262
峻別（しゅんべつ） …………… 229
生涯（しょうがい） …………… 64
昇華（しょうか） ……………… 25
頌歌（しょうか） ……………… 192
笑殺（しょうさつ） …………… 16
証左（しょうさ） ……………… 37
瀟洒（しょうしゃ） …………… 151
上梓（じょうし） ……………… 37
丞相（じょうしょう）………… 206
嫋々（じょうじょう）………… 154
憔悴（しょうすい） …………… 279
饒舌（じょうぜつ） …………… 232
肖像（しょうぞう） …………… 63
消息（しょうそく） …………… 20
装束（しょうぞく） …………… 190
常套（じょうとう） …………… 227
招聘（しょうへい） …………… 253
障壁（しょうへき） …………… 50
消耗（しょうもう） …………… 74
従容（しょうよう） …………… 125
慫慂（しょうよう） …………… 263
剰余（じょうよ） ……………… 82
書翰（しょかん） ……………… 190
食傷（しょくしょう）………… 30
嘱望（しょくぼう） …………… 224
属目（しょくもく） …………… 99
徐行（じょこう） ……………… 59
書肆（しょし） ………………… 228
緒に就く（しょにつく） …… 171
庶務（しょむ） ………………… 96
署名（しょめい） ……………… 53
熾烈（しれつ） ………………… 223
森閑（しんかん） ……………… 38
震撼（しんかん） ……………… 248
蜃気楼（しんきろう） ……… 134
呻吟（しんぎん） ……………… 286
神祇（じんぎ） ………………… 134
箴言（しんげん） ……………… 219
人口に膾炙する……………… 161
（じんこうにかいしゃする）
斟酌（しんしゃく） …………… 272
親炙（しんしゃ） ……………… 148
尋常（じんじょう） …………… 85
人心収攬……………………… 182
（じんしんしゅうらん）
真摯（しんし） ………………… 221
心酔（しんすい） ……………… 92
親政（しんせい） ……………… 112
親戚（しんせき） ……………… 201

座右の銘(ざゆうのめい)…… 159
慙愧(ざんき) ………………… 278
讒言(ざんげん) ……………… 256
懺悔(ざんげ) ………………… 222
残酷(ざんこく) ……………… 116
燦然(さんぜん) ……………… 244
簒奪(さんだつ) ……………… 256
桟橋(さんばし) ……………… 211
散歩(さんぽ) ………………… 26

(し)

自家撞着(じかどうちゃく)… 175
自家薬籠中の物…………… 167
(じかやくろうちゅう)
時宜(じぎ) ………………… 94
至言(しげん) ……………… 147
嗜好(しこう) ……………… 137
爾後(じご) ………………… 264
仔細(しさい) ……………… 229
刺繍(ししゅう) …………… 189
指針(ししん) ……………… 25
支持(しじ) ………………… 53
使嗾(しそう) ……………… 257
事大(じだい) ……………… 114
次第(しだい) ……………… 79
支度(したく) ……………… 73
失敬(しっけい) …………… 84
桎梏(しっこく) …………… 283
昵懇(じっこん) …………… 285
失笑(しっしょう) ………… 29
失神(しっしん) …………… 107
実践(じっせん) …………… 89
叱咤(しった) ……………… 232
疾病(しっぺい) …………… 89
指南(しなん) ……………… 23
老舗(しにせ) ……………… 72
慈悲(じひ) ………………… 24
自負(じふ) ………………… 22
揣摩臆測(しまおくそく)…… 174
灼熱(しゃくねつ) ………… 139
社稷(しゃしょく) ………… 270
奢侈(しゃし) ……………… 281
謝絶(しゃぜつ) …………… 105
借款(しゃっかん) ………… 130
若干(じゃっかん) ………… 109
惹起(じゃっき) …………… 138
遮蔽(しゃへい) …………… 281
思惟(しゆい・しい)……… 270
驟雨(しゅうう) …………… 197
終焉(しゅうえん) ………… 232
蒐集(しゅうしゅう)……… 251
周旋(しゅうせん) ………… 101
渋滞(じゅうたい) ………… 27
絨毯(じゅうたん) ………… 188
周到(しゅうとう) ………… 76
集落(しゅうらく) ………… 110
収攬(しゅうらん) ………… 267
縦覧(じゅうらん) ………… 120
蹂躙(じゅうりん) ………… 281
収斂(しゅうれん) ………… 226
首魁(しゅかい) …………… 122
手簡(しゅかん) …………… 190
首級(しゅきゅう) ………… 43
宿敵(しゅくてき) ………… 115
宿弊(しゅくへい) ………… 125

倹約（けんやく） …………… 46
絢爛（けんらん） …………… 279
堅牢（けんろう） …………… 218
妍を競う（けん） …………… 163

（こ）

故意（こい） …………… 69
語彙（ごい） …………… 223
耕耘機（こううんき） …………… 189
慷慨（こうがい） …………… 276
狡猾（こうかつ） …………… 139
後架（こうか） …………… 209
劫火（ごうか） …………… 150
号泣（ごうきゅう） …………… 63
肯綮に中る（こうけい） …………… 165
膏血を絞る（こうけつ） …………… 161
香盒（こうごう） …………… 193
好個（こうこ） …………… 98
口実（こうじつ） …………… 20
交渉（こうしょう） …………… 83
亢進（こうしん） …………… 265
校正（こうせい） …………… 113
膠着（こうちゃく） …………… 143
拘泥（こうでい） …………… 107
荒唐無稽（こうとうむけい）… 174
業腹（ごうはら） …………… 123
口吻（こうふん） …………… 145
合弁（ごうべん） …………… 81
候補（こうほ） …………… 203
拷問（ごうもん） …………… 89
恒例（こうれい） …………… 71
互角（ごかく） …………… 58
刻薄（こくはく） …………… 123
沽券（こけん） …………… 138
股肱の臣（ここう） …………… 169
胡椒（こしょう） …………… 187
戸籍（こせき） …………… 52
姑息（こそく） …………… 117
滑稽（こっけい） …………… 77
忽然（こつぜん） …………… 227
故買（こばい） …………… 89
誤謬（ごびゅう） …………… 274
語弊（ごへい） …………… 91
娯楽（ごらく） …………… 51
蠱惑的（こわくてき） …………… 264
昏睡（こんすい） …………… 249
献立（こんだて） …………… 49

（さ）

猜疑（さいぎ） …………… 246
采配（さいはい） …………… 234
犀利（さいり） …………… 37
左官（さかん） …………… 111
狭霧（さぎり） …………… 122
錯綜（さくそう） …………… 285
冊立（さくりつ） …………… 99
炸裂（さくれつ） …………… 230
鎖国（さこく） …………… 119
砂嘴（さし） …………… 42
雑居（ざっきょ） …………… 108
昨今（さっこん） …………… 47
雑沓（ざっとう） …………… 242
雑駁（ざっぱく） …………… 220
殺戮（さつりく） …………… 255
査定（さてい） …………… 54
蹉跌（さてつ） …………… 278

恐縮（きょうしゅく）………… 31
強靱（きょうじん）………… 245
矯正（きょうせい）………… 137
怯懦（きょうだ）……………… 278
橋頭堡（きょうとうほ）……… 211
強弁（きょうべん）………… 105
享楽（きょうらく）………… 137
橋梁（きょうりょう）………… 210
狭量（きょうりょう）………… 92
曲学阿世（きょくがくあせい）… 179
挙止（きょし）………………… 99
毀誉褒貶（きよほうへん）…… 179
亀裂（きれつ）………………… 24
欣快（きんかい）…………… 269
均衡（きんこう）……………… 83
錦繍（きんしゅう）………… 261
禽獣（きんじゅう）………… 200
琴線（きんせん）…………… 140
吟遊（ぎんゆう）…………… 100
（く）
偶発（ぐうはつ）……………… 93
寓話（ぐうわ）……………… 191
屈服（くっぷく）……………… 62
玄人（くろうと）…………… 203
君子は器ならず（き）……… 171
薫陶（くんとう）…………… 271
（け）
形骸化（けいがいか）……… 234
謦咳に接する（けいがい）… 163
慧眼（けいがん）…………… 221
警句（けいく）………………… 96
敬虔（けいけん）…………… 233
渓谷（けいこく）…………… 208
稽古（けいこ）………………… 65
経済（けいざい）……………… 81
傾城（けいせい）……………… 38
閨閥（けいばつ）…………… 242
軽蔑（けいべつ）……………… 30
警邏（けいら）……………… 207
計略（けいりゃく）………… 115
劇薬（げきやく）…………… 199
檄を飛ばす（げき）………… 158
怪訝（けげん）……………… 247
下戸（げこ）………………… 201
下知（げち）………………… 118
結跏趺坐（けっかふざ）…… 181
月旦（げったん）…………… 149
仮病（けびょう）……………… 54
検閲（けんえつ）……………… 68
狷介（けんかい）…………… 152
衒学的（げんがくてき）…… 244
懸河の弁（けんがのべん）…… 100
玄関（げんかん）…………… 209
牽強付会（けんきょうふかい）… 173
剣戟（けんげき）…………… 240
拳拳服膺（けんけんふくよう） 182
原稿（げんこう）…………… 186
乾坤一擲（けんこんいってき）… 173
研鑽（けんさん）…………… 233
検査（けんさ）………………… 52
譴責（けんせき）…………… 265
眷属（けんぞく）…………… 202
元服（げんぷく）……………… 85
憲法（けんぽう）……………… 57

稼働（かどう） …………………… 131
金の草鞋で尋ねる………… 170
（かねのわらじでたずねる）
鏑矢（かぶらや） ……………… 197
雅量（がりょう） ……………… 122
苛斂誅求………………………… 181
（かれんちゅうきゅう）
管轄（かんかつ） ……………… 51
干戈を交える（かんか） …… 162
汗牛充棟………………………… 181
（かんぎゅうじゅうとう）
諫言（かんげん） ……………… 143
箝口令（かんこうれい）……… 241
閑散（かんさん） ……………… 20
含羞（がんしゅう） ………… 248
感傷（かんしょう） ………… 30
寛恕（かんじょ） …………… 248
乾燥（かんそう） …………… 50
監督（かんとく） …………… 202
艱難（かんなん） …………… 216
完膚（かんぷ） ……………… 22
奸雄（かんゆう） …………… 206
涵養（かんよう） …………… 219
貫禄（かんろく） …………… 78
甘露の雨（かんろ） ………… 166

（き）

奇貨居くべし（きかおくべし） 166
几下（きか） ………………… 148
麾下（きか） ………………… 265
奇矯（ききょう） …………… 141
戯曲（ぎきょく） …………… 187
飢饉（ききん） ……………… 238
忌諱（きき） ………………… 269
木耳（きくらげ） …………… 35
規矩（きく） ………………… 282
稀覯本（きこうぼん） ……… 192
犠牲（ぎせい） ……………… 78
艤装（ぎそう） ……………… 263
毀損（きそん） ……………… 254
危殆に瀕する（きたい） …… 163
忌憚（きたん） ……………… 37
吃水（きっすい） …………… 150
危篤（きとく） ……………… 87
奇特（きとく） ……………… 116
驥尾に付す（きび） ………… 162
詭弁（きべん） ……………… 254
欺瞞（ぎまん） ……………… 225
虐待（ぎゃくたい） ………… 88
急遽（きゅうきょ） ………… 236
厩舎（きゅうしゃ） ………… 239
鳩首（きゅうしゅ） ………… 125
九仞の功を一簣に虧く…… 168
（きゅうじんのこうをいっきにかく）
糾明（きゅうめい） ………… 128
窮余（きゅうよ） …………… 217
旧臘（きゅうろう） ………… 266
杞憂（きゆう） ……………… 234
侠客（きょうかく） ………… 206
驚愕（きょうがく） ………… 275
恐懼（きょうく） …………… 261
僥倖（ぎょうこう） ………… 278
狭窄（きょうさく） ………… 149
夾雑（きょうざつ） ………… 149
教唆（きょうさ） …………… 128

壊疽（えそ）……………………… 239
演繹（えんえき） ……………… 216
沿革（えんかく） ………………… 60
婉曲（えんきょく） …………… 228
嚥下（えんげ） ………………… 236
怨嗟（えんさ） ………………… 145
臙脂（えんじ） ………………… 241
演説（えんぜつ） ……………… 111

（お）

横溢（おういつ） ……………… 108
王佐の才（おうさ） …………… 169
旺盛（おうせい） ………………… 92
横柄（おうへい） ………………… 31
嗚咽（おえつ） ………………… 272
大雑把（おおざっぱ） …………… 66
伯父、叔父（おじ） ……………… 33
億劫（おっくう） ………………… 77
乙女（おとめ） …………………… 33
温床（おんしょう） ……………… 25
厭離穢土（おんりえど） ……… 181

（か）

概括（がいかつ） ……………… 146
諧謔（かいぎゃく） …………… 284
懐旧（かいきゅう） …………… 121
邂逅（かいこう） ……………… 277
介錯（かいしゃく） …………… 141
解釈（かいしゃく） ……………… 48
会心（かいしん） ………………… 23
灰燼に帰す（かいじん） ……… 160
解析（かいせき） ………………… 68
凱旋（がいせん） ……………… 135
開拓（かいたく） ………………… 69
咳唾珠を成す（がいだ） ……… 167
該当（がいとう） ………………… 93
該博（がいはく） ……………… 243
開闢（かいびゃく） …………… 266
解剖（かいぼう） ………………… 56
乖離（かいり） ………………… 232
瓦解（がかい） …………………… 21
篝火（かがりび） ……………… 198
華僑（かきょう） ……………… 204
書割（かきわり） ………………… 40
仮寓（かぐう） ………………… 191
客月（かくげつ） ……………… 124
確執（かくしつ） ………………… 28
馘首（かくしゅ） ……………… 252
客死（かくし） ………………… 124
格納（かくのう） ………………… 52
攪乱（かくらん） ……………… 143
霍乱（かくらん） ……………… 238
鶴唳（かくれい） ……………… 260
過誤（かご） …………………… 106
牙城（がじょう） ………………… 39
華燭の典（かしょく） ………… 166
瑕疵（かし） …………………… 280
俄然（がぜん） ………………… 135
割愛（かつあい） ……………… 106
赫々たる（かっかく） ………… 219
客気（かっき） …………………… 98
喝采（かっさい） ……………… 140
合点（がってん） ………………… 84
葛藤（かっとう） ……………… 136
割烹（かっぽう） ………………… 49
闊歩（かっぽ） ………………… 250

《大人がおさえたい漢字・さくいん》

（あ）

挨拶（あいさつ）……………… 76
曖昧（あいまい）……………… 144
隘路（あいろ）………………… 215
欠伸（あくび）………………… 110
東家（あずまや）……………… 40
亜炭（あたん）………………… 199
圧巻（あっかん）……………… 59
斡旋（あっせん）……………… 130
軋轢（あつれき）……………… 276
阿諛（あゆ）…………………… 284
暗渠（あんきょ）……………… 236
暗誦（あんしょう）…………… 141
暗澹（あんたん）……………… 225

（い）

威嚇（いかく）………………… 256
意気投合（いきとうごう）…… 172
委曲（いきょく）……………… 96
幾許（いくばく）……………… 121
縊死（いし）…………………… 151
椅子（いす）…………………… 25
依然（いぜん）………………… 46
一陣の風（いちじん）………… 86
一瞥（いちべつ）……………… 249
一味同心（いちみどうしん）… 180
公孫樹（いちょう）…………… 35
一縷（いちる）………………… 224
一掬（いっきく）……………… 262
一切（いっさい）……………… 57
逸材（いつざい）……………… 203
一瀉千里（いっしゃせんり）… 179
逸話（いつわ）………………… 62
夷狄（いてき）………………… 206
意表（いひょう）……………… 105
韋編三絶（いへんさんぜつ）… 180
遺墨（いぼく）………………… 154
畏友（いゆう）………………… 205
文身（いれずみ、ぶんしん）…… 40
陰翳（いんえい）……………… 222
殷鑑遠からず（いんかん）… 167
印鑑（いんかん）……………… 195
慇懃（いんぎん）……………… 279
因循（いんじゅん）…………… 146
印伝（いんでん）……………… 195
音物（いんもつ）……………… 41

（う）

迂遠（うえん）………………… 94
右顧左眄（うこさべん）…… 179
団扇（うちわ）………………… 195
雲丹（うに）…………………… 187
有耶無耶（うやむや）……… 172
烏有に帰す（うゆう）……… 161
紆余曲折（うよきょくせつ）… 173
雲心月性（うんしんげっせい）… 180
蘊蓄（うんちく）……………… 224

（え）

嬰児（えいじ）………………… 205
詠嘆（えいたん）……………… 142

編者紹介

話題の達人倶楽部
カジュアルな話題から高尚なジャンルまで、あらゆる分野の情報を網羅し、常に話題の中心を追いかける柔軟思考型プロ集団。彼らの提供する話題のクオリティの高さは、業界内外で注目のマトである。
今回のテーマは"できる大人"の漢字の覚え方。なぜその漢字を使うのか。どうしてその熟語になったのか。漢字の"意味"に注目することで、がんばらなくてもどんどん記憶できる。一流の漢字知識と語彙力が簡単に身につく一冊!

面白《おもしろ》いほど記憶《きおく》に残《のこ》る迷《まよ》わない漢字《かんじ》

2021年6月1日 第1刷
2024年6月25日 第3刷

編　者　話題《わだい》の達人倶楽部《たつじんくらぶ》

発行者　小澤源太郎

責任編集　株式会社プライム涌光
電話　編集部　03(3203)2850

発行所　株式会社青春出版社
東京都新宿区若松町12番1号〒162-0056
振替番号　00190-7-98602
電話　営業部　03(3207)1916

印刷・大日本印刷　製本・ナショナル製本

万一、落丁、乱丁がありました節は、お取りかえします
ISBN978-4-413-11356-4 C0030

ISBN978-4-413-11074-7
本体1000円+税

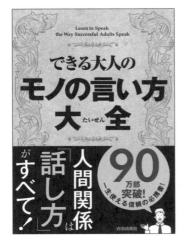